Thomas Dennig

Gut. Besser. Kita!

Das Teampraxisbuch zur pädagogischen Qualität

1. Auflage

Bestellnummer 50397

Bildungsverlag EINS

■ Haben Sie Anregungen oder Kritikpunkte zu diesem Produkt?
Dann senden Sie eine E-Mail an 50397_001@bv-1.de
Autorin und Verlag freuen sich auf Ihre Rückmeldung.

Der Autor
Thomas Dennig, Diplompädagoge und Erzieher, ist Vater von drei Kindern. Er ist seit vielen Jahren als Dozent in der sozialpädagogischen Aus- und Weiterbildung tätig und hat mit zahlreichen außerschulischen und schulischen Einrichtungen und Trägern in mehreren Bundesländern zusammengearbeitet. Die Begleitung von Teamprozessen und die wissenschaftliche Beratung und Evaluation von Pilotprojekten in mehreren Bundesländern sind die Quelle für praxisnahe Projekte wie dieses Buch.

Bildquellenverzeichnis
Umschlagfoto: Christian Schlüter, Essen/Bildungsverlag EINS, Troisdorf
© Galina Barskaya/fotolia.com: S. 4
© Yvonne Bogdanski/fotolia.com: S. 103 (rechts)
© Brebca/fotolia.com: S. 110
© Thomas Dennig, Karlsruhe: S. 9, 131
© Nadine Dilly, Bottrop/Bildungsverlag EINS, Troisdorf: S. 10, 21, 73, 105, 134
© fuxart/fotolia.com: S. 103 (links)
© Tim Hall/getty images: S. 122
© Ramona Heim/fotolia.com: S. 103 (Mitte)
© Henglein & Steets/getty images: S. 115
© Image Source/getty images: S. 63
© Michael Kempf/fotolia.com: S. 11
© Markus Langer/fotolia.com: S. 65 (unten)
© Dmitry Naumov/fotolia.com: S. 66
© Darren Robb/getty images: S. 97
© Christian Schlüter, Essen/Bildungsverlag EINS, Troisdorf: S. 7, 15, 16, 24, 27, 39, 43, 54, 56, 61, 62, 63, 65 (oben), 78, 93, 95, 108, 125, 137
© .schock/fotolia.com: S. 126
© Liudmila Travina/fotolia.com: S. 18
© Yellow Dog Productions/getty images: S. 85

Sie finden uns im Internet unter:
www.bildungsverlag1.de
www.bildung-von-anfang-an.de

Bildungsverlag EINS GmbH
Sieglarer Straße 2, 53842 Troisdorf

ISBN 978-3-427-50397-2

© Copyright 2010: Bildungsverlag EINS GmbH, Troisdorf
Das Werk und seine Teile sind urheberrechtlich geschützt. Jede Nutzung in anderen als den gesetzlich zugelassenen Fällen bedarf der vorherigen schriftlichen Einwilligung des Verlages.
Hinweis zu § 52a UrhG: Weder das Werk noch seine Teile dürfen ohne eine solche Einwilligung eingescannt und in ein Netzwerk eingestellt werden. Dies gilt auch für Intranets von Schulen und sonstigen Bildungseinrichtungen.

Inhalt

Vorwort: Ein Handbuch lotst durch die eigene Qualität 5

1 Der Alltag steckt voller Ideen 7
1.1 Die eigene Qualität verfolgen. 9
1.2 Aufbau und Struktur eines Teamordners zur Dokumentation der Qualitätsentwicklung 10
1.3 So setzen Sie dieses Buch und Ihren Teamordner ein 12

2 Der eigenen Nase nach: Das macht meine pädagogische Arbeit gut 15
2.1 Wie weit liegt das zurück! 16
2.2 So nahe sind die Beziehungen – die eigene Biografie 18
2.3 Haltung bewahren – persönliche Entwicklungen und fachliche Grundhaltungen 21
2.4 Das bedeutet fachliche Entwicklung für mich. 25

3 Bildungspläne, Qualitätsvorstellungen und unsere „gelebte" Konzeption – mit Leitlinien die Praxis ordnen 27
3.1 Bildungsideen wachsen auf der ganzen Welt 28
3.2 Positionen, die uns prägen. 31
3.3 Unser Team ist eine Gruppe?! Ein kleiner Ausflug in die Theorie 37
3.4 Unser Team als aktive Gruppe 41

4 Eigene Standards ableiten und die eigene Fachlichkeit immer wieder neu erfinden 43
4.1 Alltag neu erfinden 44
4.2 Planungsansätze (er)finden 49
4.3 Lerngelegenheiten schaffen 56
4.4 Räume und Freiräume 67
4.5 Spiel 72
4.6 Sprache 77
4.7 Kooperationen 85

5 Entwicklung mit System: die eigene Praxis in Schwung halten 93
5.1 Der Gesamtprozess im Überblick 94
5.2 Die Auseinandersetzung mit den Leitmotiven des Bildungsplans 97
5.3 Strukturelle Veränderungen meistern: Die Integration von Kindern unter drei Jahren in die Kindertageseinrichtung 107
5.4 Dran bleiben und nach vorne blicken. 114
5.5 Kontinuität im Qualitätsprozess 123

6	**Mithilfe des Qualitätszirkels einrichtungsübergreifend arbeiten**	125
6.1	Qualitätsmanagement in den Kindertageseinrichtungen	127
6.2	Die Entstehung eines Qualitätsgremiums	131

7	**Anhang**	137
7.1	Material zur Selbst- und Teamreflexion	138
7.1.1	Hinweise zum Umgang mit dem Material	139
7.1.2	Das Material im Einzelnen	140
7.2	Kopiervorlage für den „Teamordner"	157
7.3	Literaturverzeichnis	159

Vorwort: Ein Handbuch lotst durch die eigene Qualität

Qualität ist ein Wort, das viele Gedanken wachruft. Da gibt es „Made in Germany": ein Motto, das seit Jahrzehnten für Güte und Brauchbarkeit steht. Wir hören von Qualitätsmarken, Qualitätsprodukten und den Qualitäten, die nur die eine Firma so bieten kann. Und dann kommen wir, die pädagogischen Fachleute. Was macht alleine schon das Wort Qualität mit uns?

Da gibt es Fachleute, die wissen, dass sie gut sind und es nicht offen aussprechen. Es gibt andere Fachleute, die immer besser werden wollen, sich weiterentwickeln und die Frage stellen, welche Qualität sie eigentlich erreichen können. Es gibt diejenigen, die ein flaues Gefühl bekommen, wenn von Qualität und guter Arbeit die Rede ist und es gibt noch viele andere mit einer ganzen Reihe weiterer Gedanken und treffsicheren Aussagen zur pädagogischen Qualität.

Dieses Buch möchte Mut machen, fachliche Qualität als etwas Positives zu sehen und die eigene Qualitätsentwicklung als Motor für ein erfüllendes Berufsleben zu erkennen.

Viele Menschen fühlen sich in ihren unterschiedlichen Berufen wohl. Für eine ganze Menge pädagogischer Fachleute, die andere Menschen auf ihrem Weg begleiten, gilt dies in besonderem Maße. Die Motive pädagogischer Fachleute in Kindertagesstätten mögen unterschiedlich sein, sie haben aber einen gemeinsamen Nenner: das große Interesse an Kindern und an deren Zukunft.

Dieses Interesse motiviert uns, jeden Morgen in die Kindertagesstätte zu gehen, den Alltag mit den Kindern zu gestalten und zu teilen, etwas von uns zu geben und etwas zurückzubekommen.

Hier setzen die Impulse des Buches an. Alles was dazu geführt hat, dieses Arbeitsfeld zu wählen, was eine einzelne pädagogische Fachkraft dazu bringt sich zu engagieren und sich, gemeinsam mit Kolleginnen und Kollegen[1], im pädagogischen Alltag wohlzufühlen, sind Aspekte der eigenen Qualität!

Schauen Sie sich die folgenden Impulse und Beispiele an. Sie werden bald erkennen, dass Ihnen bekannte Inhalte und Prozesse begegnen. Wir müssen Qualität nicht neu erfinden, weil sie bereits da ist. Es braucht lediglich ein Quäntchen der pädagogischen Leidenschaft und ein einfaches System, die die Qualität greifbar machen. Die Leidenschaft bringen Sie mit ein, liebe Leserinnen und Leser, das System wird an dieser Stelle kurz skizziert und im ersten Kapitel genauer erklärt.

---

[1] *Da in der erzieherischen und sozialpädagogischen Ausbildung und Praxis der Frauenanteil überwiegt, verwenden wir in diesem Buch zur formalen Vereinfachung fast ausschließlich die weibliche Form. Selbstverständlich sind immer auch alle männlichen Tätigen in diesem Berufsfeld angesprochen.*

Die sechs Leitaspekte durchziehen alle Qualitätsprozesse und liefern so einen roten Faden.

- **Ich reflektiere mich:** Qualitätsprozesse beginnen mit einer persönlichen und fachlichen Selbstreflexion, beispielsweise mit der Frage, welche Motive es für die Berufswahl gab.
- **Ideen:** Gesellschaftliche Anforderungen und Entwicklungen bringen ebenso Ideen in die Pädagogik ein wie allgemeine wissenschaftliche Erkenntnisse, die ihrerseits die Qualität beeinflussen.
- **Impulse:** Einige Wissenschaften beschäftigen sich direkt mit pädagogischer Arbeit, beispielsweise die Hirnforschung oder die Bildungsforschung. Aus der pädagogischen Fachwelt kommen zusätzlich konkrete Anregungen, die einzelne Fachleute und ganze Teams inspirieren.
- **Wir reflektieren uns:** Eine einzelne Erzieherin und ein einzelner Erzieher sind die Quelle pädagogischer Qualität. Pädagogik ist aber immer Teamsache. Die Ideen und Impulse können nur gemeinsam in Qualitätsprozesse umgewandelt werden.
- **Entscheidungen:** Das Team trifft eine Auswahl der Ideen und Impulse und bringt sie zur Umsetzung.
- **Entwicklungen:** Es wird immer Inhalte und pädagogische Elemente geben, die bereits gut sind und solche, die noch optimiert werden können. Mit Erprobungsphasen werden Entwicklungen eingeläutet.
- **Verständigung:** Schließlich führt das erfolgreiche Erproben dazu, dass konzeptionelle Entscheidungen festgeschrieben und anderen, beispielsweise den Eltern, verständlich gemacht werden können.

Das Wort „Qualität" wird in diesem Buch mit einigen anderen Worten verknüpft, beispielsweise „Qualitätsentwicklung", „Qualitätsprozess", „Qualitätsmanagement", „Qualitätsinstrumente", „Qualitätsdiskussion" usw. Die jeweilige Bedeutung wird dabei aus dem Zusammenhang klar. Der Autor verzichtet darauf, jeden Begriff gesondert wissenschaftlich zu erläutern, denn es geht um die Praxis in einer Kindertageseinrichtung.

Vielen Dank an alle Kolleginnen und Kollegen, die mich mit der Qualität, die sie in den letzten beiden Jahrzehnten gezeigt haben, zu diesem Buch inspiriert haben, vor allem den Teams aus Linkenheim-Hochstetten, Straubenhardt, Waiblingen, Niederwürzbach, Weiler und Buchholz.

Thomas Dennig

1 Der Alltag steckt voller Ideen

1.1 Die eigene Qualität verfolgen

1.2 Aufbau und Struktur eines Teamordners zur Dokumentation der Qualitätsentwicklung

1.3 So setzen Sie dieses Buch und Ihren Teamordner ein

Impuls

> **Timm entscheidet für sich selbst**
>
> Es ist Montagmorgen. Der Tag beginnt kühler als gestern, aber ich setze mich dennoch auf mein Fahrrad. Timm, mein vierjähriger Sohn, lehnt hinter mir in seinem Kindersitz. Bevor ich zur Arbeit fahre, bringe ich ihn in seiner Kita vorbei. Wir hatten Müsli zum Frühstück. Das Brot war am Sonntag ausgegangen, weil wir überraschend Besuch zum Abendessen hatten. Jetzt muss ich noch beim Bäcker vorbei und etwas für ihn holen. Die Erzieherinnen in Timms Kita mögen es nicht so sehr, wenn die Kinder mit Bäckertüten ankommen, schon gar nicht, wenn „ungesunde" Sachen gekauft werden.
>
> Wir stehen an. Heute sind wieder viele Leute knapp dran und Timm wird geschubst. Ich nehme ihn auf den Arm, damit er in Ruhe mitschauen kann, was es alles zur Auswahl gibt: „Mama, ich mag ein Rosinenbrötchen!" Wahrscheinlich bilde ich es mir nur ein, aber einige Leute schauen schon vorwurfsvoll. „Ach Timm, du hast doch am Wochenende zweimal Kuchen gegessen. Der Tag im Kindergarten wird anstrengend und da brauchst du Energie und Kraft! Mit einem Rosinenbrötchen bekommt dein Körper nicht, was er braucht." Die Argumente gehen mir fast aus, da kommt noch ein Gedanke: „Die anderen Kinder haben sicher auch belegte Brote oder Vollkornbrötchen dabei! Wenn nur du etwas Süßes mitbringst, werden sie vielleicht neidisch und es gibt Streit!" Es ist einen Moment still. Die Leute schauen schon wieder. Sie warten darauf, auch dranzukommen. Timm war sehr geduldig mit mir und schaut mich mit seinen großen, strahlenden Augen an: „Ach Mama, sag doch einfach Nein!"

Alles, was in unserem pädagogischen Alltag geschieht, hängt miteinander zusammen. Pädagogische Fachleute berücksichtigen ein Kind, sein Umfeld, Beziehungen zwischen einzelnen Kindern und der Gruppe, das Gruppenklima und die Gestaltung der Räume, in denen Erziehung stattfindet.

Ich reflektiere mich: Eine Persönlichkeit reift und wandelt sich.

Jede Begleitung von Menschen basiert aber in erster Linie auf den Voraussetzungen der Beteiligten, auf deren Individualität, Fähigkeiten und Möglichkeiten. Die Persönlichkeit der Erzieherin oder des Erziehers bildet die beständige Komponente im Erziehungsalltag. Natürlich steht diese Persönlichkeit nicht still, sondern reift und wandelt sich beständig.

Impuls

> Auf dem Weg von Timms Kita zur Arbeit habe ich wieder und wieder darüber nachgedacht, was beim Bäcker passiert war. Ich habe mich gleich mit einer Kollegin darüber unterhalten und sie gefragt, ob ich es mit dem Erklären und Begründen Kindern gegenüber übertreibe. Wir hatten doch aber in der neuen Konzeption sogar geschrieben, wie wichtig es uns ist, Kinder ernst zu nehmen, sie partnerschaftlich zu behandeln und ihnen eben nicht Erwachsenenentscheidungen überzustülpen. Ach ja, ich habe noch nicht erwähnt, dass ich selbst Erzieherin bin. In unserer Einrichtung hat sich in den letzten zwei Jahren viel getan. Wir arbeiten in unserem Team sehr fortschrittlich. Unser „Bild vom Kind" – eine sehr merkwürdige Formulierung, aber wohl üblich – hat sich vor allem verändert, als wir uns gemeinsam intensiver mit unserem Bil-

> dungsplan beschäftigt haben. Die Kinder werden bei uns beispielsweise angeregt, jeweils nur einen Teil des Frühstücks mitzubringen, zwei Äpfel, einige Scheiben Brot, etwas Wurst und so weiter. Wir richten dann gemeinsam mit den Kindern Platten an, die auf dem Frühstückstisch stehen. Es sieht einfach schön aus, wenn die ansprechend angerichteten Häppchen unter der Glasglocke appetitanregend strahlen.
>
> Übrigens, Timm hat beim Bäcker ein Rosinenbrötchen mitgenommen.

Ein Mensch, der sich entschieden hat, mit Kindern zu arbeiten, lässt sich darauf ein, sich selbst immer wieder zu hinterfragen. Erzieher/-innen hinterfragen sich als Privatmensch und als öffentliche Person. In dem Wort „hinterfragen" steckt der Begriff „Frage". Ein durch und durch positiver Begriff: Ich stelle mich als Fachkraft der Sache und ich stelle mich den Fragen Anderer. Es ist gut zu wissen, dass Kolleginnen und Kollegen gemeinsam mit mir Fragen stellen und Antworten finden, denn an der Qualität zu arbeiten, das ist immer eine Teamaufgabe.

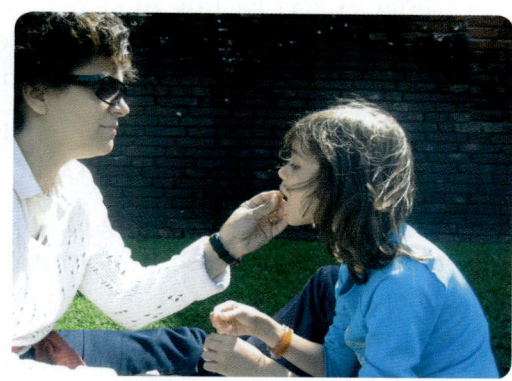

Es ist so einfach, ein Kind wertzuschätzen und so schwer, es ihm zu zeigen.

Dieses Buch greift typische Teamprozesse auf. Ein Team oder eine einzelne Kollegin erfährt über Seminare oder das Literaturstudium von guten Ideen für die Praxis. Im Alltag ist es dann oft schwierig, die Ideen an die Kolleginnen und Kollegen zu transportieren und in die pädagogische Arbeit zu übertragen.

An beiden Aspekten setzen die Vorschläge des Buchs an. Es ist ein Teampraxisbuch, das erfolgreiche Methoden zusammenfasst. Es ist sogar möglich, anhand der konkreten Teamprozesse Zeitangaben zu machen und praktische Arbeitsschritte darzustellen.

1.1 Die eigene Qualität verfolgen

Der wahre Grund, die eigene Qualität zu verfolgen, ist die Verbesserung der Praxis. In vielen Berufen, in Organisationen (z. B. Vereinen) oder im privaten Leben ziehen Menschen ab und an Bilanz. Wie weit bin ich bis heute gekommen? Welche Ziele hatte ich und habe ich diese Ziele erreicht? Hat unser Engagement Früchte gezeigt? Bin ich glücklich mit meiner Familie?

Auch wenn es etwas müßig erscheint, auf diesen Aspekt besonders hinzuweisen, die Erfahrung zeigt, dass solch eine Bilanz nur dann wertvoll wird, wenn sie in die Zukunft weist. Echte Veränderungen sind nur dann dauerhaft, wenn ich mich nicht bei dem Vergangenen aufhalte und ein oder zwei neue gute Vorsätze formuliere. Es geht darum zu handeln.

Impulse: Aus einer Bilanz folgen immer neue Taten!

Die **Weiterentwicklung des eigenen fachlichen Handelns** muss geplant sein. Es ist sogar wichtig, schriftlich genau festzulegen, welche Ziele im Raum stehen und wie sie erreicht werden können.

- Der Qualitätsschritt setzt genau genommen dann ein, wenn die Auseinandersetzung mit den Zielen und deren Erreichung beginnt: **Welche Ziele wurden erreicht und welche Ziele nicht?**

- Die erreichten Ziele, die **positive Bilanz**, lädt dazu ein innezuhalten und sich zurückzulehnen. Geschafft! Bei der Auseinandersetzung mit der persönlichen Qualität ist aber wichtig zu klären, **unter welchen Bedingungen** die qualitativ gute Praxis entstanden ist und wie sie erhalten bleiben kann. Dazu gesellt sich die Analyse, warum bestimmte Ziele nicht erreicht werden konnten.

- Es ist dann einfach, **neue notwendige Veränderungen** anzudenken und zu klären, was sich in Zukunft ändern soll.

- Es folgt eine **genaue Planung der Inhalte und Praxiselemente**, die in Zukunft verändert werden sollen: Wie sorge ich dafür, dass es zu diesen Verbesserungen kommt?

1.2 Aufbau und Struktur eines Teamordners zur Dokumentation der Qualitätsentwicklung

Impuls

Sinn und Unsinn des Standardisierens
Früher entstand in unserem Team der Eindruck, dass diejenige „gut" ist, die möglichst viel mit den Kindern bastelt. Die Gruppe mit den „meisten und schönsten" Ergebnissen war die Beste! Und solche Vorstellungen kamen nicht nur durch Erwartungen von Eltern zustande. Ich überlege mir manchmal, ob diese Haltung heute anders ist. Machen wir unsere Arbeit nicht weiter an „Ergebnissen" fest? Meine Kollegin meinte neulich: „Ich muss noch einmal mit Fatima an ihren Portfolioordner dran. Der sieht noch nicht so schön aus und ist auch noch nicht so voll wie der der anderen! Ich glaube, wir kleben noch ein paar Fotos rein, das gefällt den Eltern immer so gut."

1.2 Aufbau und Struktur eines Teamordners zur Dokumentation der Qualitätsentwicklung

> Jetzt habe ich diesen Teamordner in der Hand. Ein Register ist darin, mehr noch nicht. „Das wird unser Qualitätsordner", hat meine Chefin gemeint. Ja toll! Jetzt müssen wir alles noch mal durchkauen. Seit drei Jahren gehe ich regelmäßig zu den Fortbildungen, die zu unserem Bildungsplan angeboten werden. Wir haben schon zwei teaminterne Seminare hinter uns, die Konzeption wird neu geschrieben und jetzt noch das! Wann sollen wir das denn alles schaffen?
>
> Natürlich könnten wir noch mehr Standards einführen, mehr und differenzierter! Die eigentliche Frage lösen wir damit aber nicht: Wie gelingt es den pädagogischen Fachleuten, mit der Verschiedenheit der Kinder gut umzugehen?

Haben Sie schon einmal darüber nachgedacht, wie häufig in einem Team dieselben Inhalte besprochen werden? Manchmal ist es sicher notwendig, an Themen und Inhalten dranzubleiben. In der Regel spüren die Beteiligten sehr gut, was regelmäßig Beachtung braucht und wo Energien eher verpuffen. Energie und Motivation werden dann vergeudet, wenn einzelne Fachleute und ganze Teams den Überblick verlieren und Ziele beziehungsweise Erfolge nicht nachhaltig sind.

Wir reflektieren uns: Energien gut einsetzen, ist das A und O.

> „Das haben wir doch schon besprochen!" „Nein, daran kann ich mich nicht erinnern." „Das müsste doch in einem Teamprotokoll stehen!" „Ich schlage mal nach. Wann war das etwa? Vor drei Monaten oder schon letztes Jahr?"

Impuls

Eine ganz simple Idee hilft, die Teamprozesse zu strukturieren. Legen Sie sich einen Teamordner an. Nicht irgendeinen, sondern ihren **Teamqualitätsordner**.

In den folgenden Kapiteln werden die Idee des Teamqualitätsordners und Umsetzungsbeispiele skizziert. Die Impulse sollen dazu führen,

Entscheidungen: Das ist uns konzeptionell wichtig! Das wollen wir den Kindern mitgeben!

- die fachlichen Wege eines Teams individuell greifbar zu machen, indem wir Prozesse beschreiben, welche in der Kindertageseinrichtung gelebt werden.
- die pädagogische Frage zu klären: Wie soll ich mit der Zeit umgehen, die die einzelnen Aufgaben im Alltag brauchen?
- die reichhaltige Erfahrung einzelner Kolleginnen und Kollegen und damit des gesamten Teams sichtbar zu machen.
- dass das dokumentiert wird, was zu Ihren konzeptionellen Zielen passt, das heißt, worauf mit den Kindern hingearbeitet wird.
- den Alltag so zu durchleuchten, dass Entscheidungen darüber getroffen werden können, welche pädagogischen Inhalte gemeinsam getragen werden.

- dass ein Team gemeinsam darüber entscheidet, welche „Bausteine" es umsetzt bzw. welche individuellen Lernprozesse gegebenenfalls für einzelne Kinder umsetzbar sind.

Merke:
Mit Ihrem eigenen Qualitätsmaterial machen Sie die Fachlichkeit des Teams transparent und sind seriös, glaubwürdig und professionell!

1.3 So setzen Sie dieses Buch und Ihren Teamordner ein

Der Teamordner wird in mehrere Kapitel unterteilt, die zu allen relevanten Leitthemen das Ausgangsmaterial und die Ergebnisse der Arbeitsschritte im Team zusammenfassen. Die kontinuierliche Qualitätsentwicklung wird dadurch sichergestellt, dass das Team Entwicklungsschritte und entsprechende Zeitrahmen vereinbart, die in regelmäßigen Arbeitssitzungen und Mitarbeiter/-innengesprächen überprüft werden.

Der Aufbau des Teamordners

Der einzelne Mensch, die pädagogische Fachkraft ist die Quelle der Qualität.

Internationale und nationale **Konzepte** bilden einen Fachrahmen, mit dem sich Politik, Fachwelt und Familien auseinandersetzen. Es entstehen verschiedene **Vorstellungen von guter Bildung**.

Die **Bildungspläne** konkretisieren die pädagogischen Leitbilder und Grundhaltungen und definieren Ziele, die für das jeweilige Bundesland relevant sind.

Qualitätskriterien der Trägerverbände oder einzelner Qualitätsoffensiven bilden den Rahmen für die pädagogische Arbeit in Kindertageseinrichtungen. Langfristig wäre es wünschenswert, wenn diese Kriterien bundesweit vergleichbar wären. Eltern und Kinder müssen darauf vertrauen können, dass es nicht vom Zufall abhängt, ob die ausgewählte Einrichtung gut ist.

Jedes Team hat die Aufgabe, die Inhalte des jeweiligen Bildungsplans und die Qualitätskriterien in die eigene **Konzeption** zu „übersetzen". Die pädagogischen Fachleute definieren vor Ort ihre Arbeit, passend zur Lebensrealität und zu den Entwicklungsbedingungen der Kinder und Familien, mit denen sie arbeiten.

| Es ist nur logisch, dass das hauseigene **Beobachtungs- und Dokumentationssystem** stimmig und echt zu den Konzeptionsinhalten, dem Bildungsplan und den Qualitätsansprüchen passt, die für die Kindertageseinrichtung ausschlaggebend sind. | Die **Formen der Kooperation mit den Familien** orientieren sich ebenfalls an den umgebenden Standards und werden in diesem Sinne konkret weiterentwickelt. | … weitere **Schwerpunkte** … |

Alle konzeptionellen Inhalte müssen einem Vergleich mit den umgebenden Standards standhalten und werden konkret formuliert im Teamordner festgehalten.

Das Arbeitsmaterial strukturiert den Prozess

Sie finden in diesem Buch verschiedene Beispiele dafür, wie Teams an ihren Qualitätsprozess herangegangen sind.

Ein durchgängiges Element sind die Seiten mit Standards, Empfehlungen und Checklisten zu verschiedenen Themen. Die Beiträge wurden in verschiedenen Teams praxisnah entwickelt und formuliert. Es sind Kriterien bester Fachpraxis zu einem Qualitätsbereich. Die Listen sind Beispiele und sollen anregen, sich auf eigene Qualitätsaussagen zu verständigen. Dabei gibt es drei Betrachtungsweisen: Die **Standards**, die das Team auswählt, sind für alle Teammitglieder verbindlich und sollen im Alltag deutlich sichtbar sein. **Empfehlungen** lassen einen gewissen Spielraum, werden aber vom gesamten Team angestrebt. In **Checklisten** werden Inhalte zusammengefasst, die gut erfüllt werden können. Oft handelt es sich um strukturelle Rahmenbedingungen.

Entwicklungen: Das Buch zeigt Beispiele, Wege und Zusammenhänge.

Das Arbeitsmaterial mit den jeweiligen Standards, Empfehlungen und Checklisten wird im teameigenen Qualitätshandbuch an passender Stelle abgeheftet.

Die Anwendung der Standard- und Empfehlungslisten und der Checklisten ist einfach:

Einmal erstellte Listen werden in weiteren Qualitätsschritten regelmäßig zunächst alleine ausgefüllt, ohne Austausch mit Kolleginnen und Kollegen. Eine Kopie dient jeder Fachkraft zu einer individuellen Einschätzung ihrer Situation und ihrer pädagogischen Arbeit. Vor dem Ausfüllen sollten die Listen **in Ruhe durchgelesen werden**. Danach füllt jede Fachkraft die einzelnen Punkte hinsichtlich ihrer **augenblicklichen Situation** und ihres **tatsächlichen pädagogischen Handelns** aus.

Die eigene Arbeit wird eingeschätzt, indem für jedes Kriterium **eine der vorgegebenen Antwortmöglichkeiten** angekreuzt wird. Es ist empfehlenswert, sich **immer für einen Wert zu entscheiden**! Bitte kreuzen Sie nicht mehrere Antwortmöglichkeiten an und setzen Sie keine Kreuze zwischen zwei Antwortmöglichkeiten. Die Standards und Empfehlungen werden meist auf einer vierstufigen Skala eingeschätzt.

Bei einigen Beispielmaterialien zur Qualitätsentwicklung gibt es die **Antwortmöglichkeiten Ja und Nein**. In der Regel sind die entsprechenden Aspekte so eindeutig, dass sie nicht sinnvoll „dazwischen" angekreuzt werden können. Sollten Sie im Einzelfall entscheiden, dass Ihre Antwort „situationsabhängig" ist, diskutieren Sie diesen Punkt bitte im Team.

Die **praxisbezogenen Checklisten** sind **für die Reflexion der Arbeit** in allen Formen der Gruppenstruktur und Alterszusammensetzung geeignet, in denen Kinder im Alter bis zum Schuleintritt betreut werden.

Verständigung: Das Team einigt sich auf gemeinsame Standards und Empfehlungen und erstellt Checklisten.

Wenn alle Fachkräfte ihr Qualitätsmaterial ausgefüllt haben, tauscht sich das Team über die Einschätzungen sowohl in den jeweiligen Gruppen als auch in der gesamten Einrichtung aus. Anhand der „Selbsteinschätzungen" der Mitarbeiter/-innen in Ihrem Haus erstellen Sie ein **Qualitätsprofil für die gesamte Einrichtung**.

Mit der Selbsteinschätzung und der Teameinschätzung erhalten Sie einen Überblick über zentrale Qualitätsaspekte eines pädagogischen Bereichs und haben die Möglichkeit, **eigene Stärken, aber auch Schwächen und Verbesserungspotenziale** zu erkennen.

Das Team hat die Möglichkeit, Anmerkungen zu jedem Teilaspekt der jeweiligen Standards, Empfehlungen und Checklisten zu machen. Sollte ein Aspekt nicht erfüllt sein, erstellt das Team einen Plan, der zur Erfüllung des Bereichs beiträgt. Der Plan enthält beispielsweise:

- konkrete Zielvereinbarungen im Team (ggf. mit Zwischenzielen)
- Maßnahmen und Umsetzungsschritte zur Erreichung des Ziels
- Benennung von Haupt- und Mitverantwortlichen für den Prozess
- Zeitrahmen
- Termin zur Überprüfung der Zielerreichung

2 Der eigenen Nase nach: Das macht meine pädagogische Arbeit gut

2.1 Wie weit liegt das zurück!

2.2 So nahe sind die Beziehungen – die eigene Biografie

2.3 Haltung bewahren – persönliche Entwicklungen und fachliche Grundhaltungen

2.4 Das bedeutet fachliche Entwicklung für mich

2 Der eigenen Nase nach: Das macht meine pädagogische Arbeit gut

Dieses Kapitel befasst sich mit Strategien der Selbstreflexion und der kollegialen Beratung. Es geht für Sie als Leser/-in darum ausfindig zu machen, auf welche pädagogischen Leitgedanken, „Reizthemen" oder Themenschwerpunkte Sie besonders ansprechen. Dazu gehören Strategieempfehlungen und Arbeitsmaterial, das dazu anregt, über eigene Routinen hinauszugehen, um z. B. eine Praxis zu erproben, mit der bisher wenig verbunden wurde.

2.1 Wie weit liegt das zurück!

Impuls

> **Meine Kindheit in der Familie**
> Meine Eltern waren beide tolle Lehrer für mich. Sie haben mich nie zu etwas gedrängt, was mir nicht zugesagt hat. Ich war aber auch ein Kind, das von sich aus eine hohe Motivation hatte. Ich war neugierig, viel in Bewegung und habe viele Fragen gestellt. Diese Eigenschaften habe ich heute noch. Meine Eltern haben mich natürlich ab und zu motiviert, mehr Energie in einzelne Schulfächer zu investieren. Ich habe mich auch gerne in meiner Jugendgruppe engagiert. Wenn ich in der Schule schlechter wurde, dann gab es eben keine Gruppenstunde. Das wollte ich nicht und deswegen war ich in der Schule recht gut. Meine Großmutter, die Geschwister und vor allem meine Eltern haben mir alles beigebracht, was ich für das Leben brauchte. Die Menschen um mich herum waren meine Vorbilder. Ich musste mir gar keine anderen suchen.

Fachliche Kompetenzen ergeben sich nicht von selbst. Im Zusammenhang mit der Frage nach gutem und professionellem Handeln taucht die Frage nach dem persönlichen Hintergrund des Menschen auf, der da mit anderen Menschen arbeitet.

Die individuelle Geschichte jeder Erzieherin und jedes Erziehers ist durch Erfahrungen geprägt, die sie bzw. er beobachtet und mitgestaltet hat. Wir haben alle unsere (Sozialisations-)Geschichte, die sich auf unser heutiges Leben auswirkt. Sie ist sicherlich die Grundlage unseres Denkens, Fühlens und Handelns. Wahrscheinlich liegen bei dem größten Teil der pädagogischen Fachleute die Berufswahlmotive in ihrer Sozialisation.

Reflektiere ich meine eigene Kindheit heute, hat sie scheinbar mit den eigenen Erinnerungen nicht mehr viel gemeinsam. Welche pädagogische Professionalität ist dann zu erwarten, wo doch Erinnerungen einen so großen Teil der Persönlichkeit ausmachen? Welcher Art sind meine Erinnerungen? Sind es die Personen, mit denen ich zu tun hatte oder stehen die Lebensbedingungen meiner Kindheit und Jugend im Vordergrund? Welche Einschätzungen und Überzeugungen von Menschen, die in meinem Leben eine Rolle spielten, der wichtigsten Bezugspersonen beispielsweise, sind erhalten geblieben oder gingen verloren? Sind die Handlungen dieser Menschen, wie sie sich verhielten und welche Eigenschaften sie verkörperten, heute noch wichtig? Ein Einfluss der Erinnerungen auf den Berufswunsch lässt sich nicht leugnen.

Ich reflektiere mich: Ein Berufsbild finden.

Die lange Tradition der sozialen Berufe kommt noch hinzu. Die alten Bilder von „Kindergartentanten" erschweren es, ein Verständnis von Professionalität zu entwickeln, welches den heutigen Anforderungen des Berufes entspricht. Auf der einen Seite stehen persönliche Motive, die das Berufsbild „Erzieher/-in" mit Inhalten füllen. Auf der anderen Seite stehen gesellschaftliche Anforderungen und Erwartungen, die nicht immer pädagogische Ursprünge haben. Dieser Zwiespalt ist auch in der pädagogischen Praxis zu finden. Erzieherisches Verhalten weist einerseits auf den Versuch hin, an persönlichen Idealen festzuhalten, andererseits bestehen Erzieher/-innen darauf, ihren Auftrag zu erfüllen: Kinder werden in ihrer frühen Kindheit, dieser wichtigen, wenn nicht gar wichtigsten Lebensphase, so begleitet, dass sie als autonome und mündige Menschen ihr Leben gestalten können.

Die Lebensgeschichte des einzelnen erwachsenen Menschen ist zum Verständnis der heute tätigen Erzieherpersönlichkeiten – und damit der eigenen Persönlichkeit – enorm wichtig.

Gibt mir mein Lebenslauf einen Aufschluss über „typische" Qualitätsaspekte? Selbst wenn meine Wahrnehmung etwas verzerrt wäre und Erinnerungsmomente gerne einmal positiv gefärbt werden, macht es großen Sinn, die eigene Biografie als Startpunkt für Qualitätsentwicklungen unter die Lupe zu nehmen. Unter Umständen sind in einem Team sogar Ähnlichkeiten zu entdecken, die als charakteristisch gelten können. Die unterschiedlichen Persönlichkeiten weisen eventuell doch Gemeinsamkeiten auf, die in gemeinschaftlichen Berufsauffassungen münden.

2.2 So nahe sind die Beziehungen – die eigene Biografie

Impuls

> Seit ich in unserem Kindergarten arbeite, das sind jetzt schon vierzehn Jahre, habe ich mich stetig weiterentwickelt. Ich habe Fortbildungen besucht, mich schon zweimal aktiv an der Konzeptionsentwicklung beteiligt und bin mit den Kolleginnen eine enge Verbindung eingegangen. Neulich meinte meine Kollegin Waltraud: „Wir sind fast wie verheiratet! Es genügen kurze Blicke, um uns zu verständigen. Oft weiß ich schon, was du denkst, bevor wir es aussprechen." Sie hat Recht. Wir sind gut aufeinander eingestellt. Vielleicht sogar mehr als „verheiratet": Wir teilen Ideale, haben uns über die Jahre hinweg immer wieder arrangiert und Lösungen gefunden.
>
> Vor fünf Jahren waren wir beide die Ersten, die bereit waren, zweijährige Kinder in die Gruppe zu integrieren. Heute sind die Kleinen aus unserem Haus nicht mehr wegzudenken. Aber woher kommt es, dass wir so sind, dass ich so bin wie ich bin?

Eine ausführliche Selbstanalyse erfordert viel Zeit und Aufmerksamkeit. Es ist eine arbeitsintensive, aber lohnenswerte Aufgabe und dient als grundlegende Voraussetzung für eine zielorientierte fachliche Weiterentwicklung. Ein Mensch in einem sozialen Beruf findet dann seine Erfüllung in der Arbeitswelt, wenn er weiß, was er kann, will und gerne macht.

Ich beginne mit der Rückschau

Versuchen Sie, die folgenden Fragen für sich zu beantworten.

Wie ich wurde, wie ich heute bin

- Weshalb habe ich diesen Weg angetreten?
- Welche besonderen Erfolge kann ich verbuchen?
  Beispiele: Wo habe ich positive Prozesse angeregt, das Image meiner Gruppe oder Kindertagesstätte gesteigert, Ideen erschlossen, Problemlösungen gefunden oder Ähnliches?
- Was betrachte ich als meine Leistungen?
- Welche Entscheidungen konnte ich bis zu welcher Tragweite selbst treffen?
- Wie lässt sich meine Fachlichkeit bemessen (z. B. an der Anzahl der Aktivitäten, die ich im Alltag anbiete, an meinen besonderen Kompetenzen oder an speziellen Projekten, die ich mit den Kindern umsetze)?

Wie ich Stärken einsetze und wie ich mit Schwächen umgehe

- Was kann ich gut? Welche Aufgaben übernehme ich besonders gerne? Warum widme ich mich diesen Aufgaben gerne?
- Welche Stärken und Schwächen resultieren aus meiner Ausbildung und meinen Praxiserfahrungen?
- Welche Stärken und Schwächen ergeben sich aus meiner Persönlichkeit und meiner Art?

Ich baue meine Stärken weiter aus und gehe mit meinen Schwächen um

- Was schätzen die Kinder, die Kolleginnen, die Leitung und die Eltern an mir?
- Welche Rückmeldungen habe ich bisher erhalten?

Aus Schwächen lernen

- Welche Aufgaben mache ich nur ungern oder widerwillig? Warum erledige ich diese Aufgaben so ungern?
- Was mögen die Kinder, die Kolleginnen, die Leitung und die Eltern an mir bzw. nicht an mir?
- Welche Kompetenzen hätte ich gerne?

Ich orientiere mich in die Zukunft

Nehmen Sie sich etwas Zeit und halten Sie Ihre Gedanken fest. Übertragen Sie dafür die folgenden Tabellen auf ein Blatt Papier:

Meine Erfolge – ein Rückblick	Darum war der jeweilige Erfolg wichtig!

Da blühe ich auf – eine Momentaufnahme	Das macht mir wirklich Freude!

Meine Ideen – ein Blick voraus	Darum ist diese Aufgabe ideal für mich!

Welche Tätigkeit strebe ich in drei, fünf oder zehn Jahren an? Wer oder was möchte ich in drei, fünf oder zehn Jahren sein?

Impuls

> Meine Tante war Erzieherin, eine Freundin meiner Mutter auch und mein Vater meinte damals, als ich ihm von meinem Berufswunsch erzählt hatte: „Kann sicher nicht schaden!"
>
> Die Ausbildung fand ich klasse! In der Fachschule habe ich die Informationen förmlich aufgesaugt. Manches fand ich allerdings nicht so prickelnd, Recht zum Beispiel.
>
> Ich kann mich noch gut daran erinnern, wie uns von dem so genannten Praxisschock erzählt wurde: „Wartet nur ab, bis ihr nach dem Berufspraktikum auf eigenen Füßen stehen müsst. Da werdet ihr merken, was ihr noch alles lernen müsst." Die ersten Monate nach der Ausbildung waren tatsächlich nicht so einfach, dennoch fühlte ich mich keineswegs geschockt. Die Kolleginnen waren hilfsbereit. Ich durfte Fehler machen. Und die Kinder, der eigentliche Motor für meine Berufswahl, waren fantastisch. Das sind sie heute noch!
>
> Die vier Jahre in der anderen Kindertagesstätte und das Anerkennungsjahr, das ich als Praxisjahr dazuzähle, haben mich nicht nur reifen lassen, sondern ich bin schlicht und einfach älter geworden. Ich bin noch sehr motiviert, frage mich aber immer häufiger, wie die nächsten Jahre aussehen werden. Bleibe ich bis ins Rentenalter hier? Habe ich die Kraft dazu? Habe ich Alternativen?
>
> Die Auseinandersetzung mit dem eigenen Alltag und der eigenen Person ist so wichtig und gleichzeitig schwierig und eigenartig. So viele Dinge, die ich in meiner Arbeit erreiche, sind schwer greifbar und noch schwerer nachweisbar. Da greife ich auf Waltraud zurück. Mit ihr arbeite ich jetzt schon vierzehn Jahre zusammen.

Ideen und Impulse: Mit der Ausbildung beginnt die Auseinandersetzung mit fachlichen Ideen und Ansprüchen.

Ich binde Menschen ein, die mir nahe sind

- Was denkst du über meine fachlichen Ideale und wie stehst du dazu?
- Welches sind deiner Ansicht nach meine besonderen Fähigkeiten?
- Welches sind deiner Meinung nach meine Interessen und Begabungen?
- Was könnte deiner Auffassung nach meine Fortschritte positiv oder negativ beeinflussen?

> Waltraud hat mir den Tipp gegeben, alle Gedanken – wann immer dies möglich ist – schriftlich festzuhalten. Das zwingt mich, genau zu formulieren, und Widersprüche fallen besser auf. Mit dieser Basis, auf die ich mich immer beziehen kann, baue ich meine persönliche Qualitätsentwicklung auf.

Impuls

2.3 Haltung bewahren – persönliche Entwicklungen und fachliche Grundhaltungen

> **Kaffeetanten der Nation?**
> Unser Team bemüht sich im Alltag intensiv darum, professionelle Arbeit zu machen und diesen Anspruch auch in aller Deutlichkeit zu artikulieren. Es tauchen in unserer Umgebung, beispielsweise bei den Eltern, immer wieder äußerst diffuse Meinungsbilder über unseren Beruf und die damit verbundenen Tätigkeiten auf. „Woher kommt es, dass Erzieherinnen für viele die Kaffeetanten der Nation sind, die mit Kindern basteln, spielen und singen?"
>
> Solche Gedanken schlummern sicherlich in jedem „pädagogischen Kopf". Müssten wir nicht als Team etwas dagegen unternehmen? Wir sind alle ausgebildete Fachleute, Menschen mit Erfahrung, die engagiert und pflichtbewusst pädagogische Arbeit, ja, Bildungsarbeit leisten. Unser Interesse gilt den Kindern, den einzelnen Menschen. Wir suchen nicht die Lautstärke der großen Ereignisse. Wir bringen unseren Beitrag zur positiven Entwicklung der Kinder, wünschen uns deren Glück und bringen uns in die Gesellschaft kulturell und menschlich ein. Warum wird das nicht so wertgeschätzt, wie wir es verdienen?
>
> Unser Team wünscht sich einerseits mehr Anerkennung, andererseits bewegen wir uns nur zögerlich aus unserem Schneckenhaus heraus. Wenn ich nur daran denke, welche Diskussionen es gab, als das neue Eingewöhnungsmodell die Idee mit sich gebracht hat, Eltern tagelang an unserem Alltag teilhaben zu lassen. Die Argumente reichten von: „Das will ich nicht, dass mir ständig jemand auf die Finger schaut!", bis zu: „Das Kind kann sich ja dann gar nie lösen!" Und doch wurde unser neues Eingewöhnungsmodell zu einem Erfolg.
>
> Es ist motivierend, dass Erzieherinnen und Erzieher von der Öffentlichkeit immer positiver beurteilt werden. Selbst Menschen, die sich wenig mit der Thematik Erziehung oder sich zumindest nicht auf einer theoretischen Ebene damit beschäftigen, erkennen den Unterschied zwischen der familiären Erzie-

Impuls

Wir reflektieren uns: Anerkennung braucht Offenheit.

hung und der institutionellen Bildung. In den Medien wird immer häufiger betont, dass es über elterliche Kompetenzen hinaus professionelle Erziehende braucht, die Kinder in deren Entwicklung begleiten.

Unsere Leiterin hat ein Plakat im Teamzimmer aufgehängt, auf dem Leitfragen für die nächste Teamsitzung, unsere erste Qualitätssitzung, notiert sind: „Wie sehen wir unsere Arbeit mit Blick auf die Erwartungen und Anforderungen? Trauen wir uns selbst die nötige Fachkompetenz zu, um alle an uns gestellten Aufgaben bewältigen zu können und andere von der Tragweite unserer Arbeit zu überzeugen? Wie können wir unsere Fachkompetenz erweitern, um den Erwartungen gerecht zu werden? Wie zeigen wir unsere Grenzen auf, ohne zu jammern?"

Die kurze Pause nutze ich, um aufzuschreiben, was ich von dem Teamprozess erwarte: Ich möchte mich nur auf diese Qualitätsentwicklung einlassen, wenn ein gestärktes Selbstbewusstsein dabei herauskommt. Es wäre schlecht, wenn wir nur feststellen, was alles nicht geht und dann in kollektiven Frust ausbrechen. Mein Selbstvertrauen wirkt sich nämlich auf die Kinder aus. Wir alle sind ein Vorbild für sie, wenn wir zeigen, wie wir mit uns, mit Erfolgen und Misserfolgen umgehen, wann wir weitermachen und wann wir aufgeben.

Während ich das notiere, fällt mir auf, wie weitreichend ein Qualitätsentwicklungsprozess sein kann. Ob da doch etwas dran ist? Schauen wir mal!

Erzieherinnen und Erzieher bringen in der Regel die notwendigen Qualifikationen mit, die ein erfolgreicher Qualitätsprozess braucht, beispielsweise Kompromissbereitschaft, Teamfähigkeit, Frustrations- und Ambiguitätstoleranz[1], Gestaltungsfähigkeit, Wahrnehmungsqualität und Situationsbewusstsein. Mit solchem „Handwerkszeug" ausgestattet sollte es möglich sein, ein Berufsleben lang in den unterschiedlichsten Einrichtungen und Zusammenhängen gewinnbringend zu arbeiten. Gleichzeitig ist die Vielfalt des Berufs, die viele Fachleute schätzen, auch problematisch, denn sie verhindert eine Spezialisierung, die in der erzieherischen Praxis Sicherheit und Kompetenz im Umgang mit bestimmten Berufsfeldern brächte. Ein Qualitätsprozess kann die beteiligten Menschen dem Erzieherberuf gegenüber kritischer werden lassen. Das Selbstbewusstsein eines Teams und der einzelnen Teammitglieder steigt. Tatsächlich tritt eine Filterwirkung ein, die für einen Teil der Kolleginnen und Kollegen deutlich macht, dass der eigene Beruf der Traumberuf ist.

Einige kritische Momente sind denkbar, in denen Missstände sichtbar werden, z. B. das weitgehende Fehlen von Aufstiegsmöglichkeiten. Leiterinnen und Leiter müssen oft zusätzlich zu ihrer Leitungsfunktion in der Gruppenarbeit tätig werden. Es könnte für ältere Erzieher/-innen schwer sein, den Erfordernissen der Kindergruppen gerecht zu werden, zumal mindestens die körperliche Leistungsfähigkeit nachlassen dürfte – was natürlich noch nichts über die Gesamtqualifikation dieser Erzieher/-innen aussagt.

Impuls

Zu meinem pädagogischen Ansatz soll ich auch etwas aufschreiben:
Ich habe mich nie an einem einzelnen Ansatz orientiert. Methodisch hatte ich mit Rahmenplanungen begonnen, was beispielsweise durch Eindrücke von der Reggio-Pädagogik, aber auch durch Elemente von Maria Montessori oder verschiedene Projektmethoden erweitert wurde. Ich bin mit dieser fachlichen Entwicklung immer noch nicht fertig.

Als Essenz gehe ich fest davon aus, dass im Kindergarten Begabungen und Einstellungen angelegt werden. Ein Kind, das im Kindergarten ein Stück selbstbewusster wird, sich organisieren lernt, eigene Spielformen erfindet, Kritik äußert und Konflikte konstruktiv löst, nimmt Voraussetzungen für sein weiteres Leben mit.

Jetzt bin ich gespannt, wie die Texte und Gedanken des restlichen Teams aussehen.

Merke:
Es wird immer schwierige Phasen in einem Qualitätsprozess geben. Wichtig ist, in einem Team kooperativ, solidarisch, offen, klar, direkt und intensiv miteinander zu arbeiten.

---

[1] Ambiguitätstoleranz ist die Fähigkeit, zwiespältige Situationen auszuhalten und konstruktiv zu lösen.

Entscheidungen: Verbindliche Eckwerte erleichtern allen Mitarbeiterinnen und Mitarbeitern die Alltagsarbeit.

Nachdem die einzelnen Kolleginnen und Kollegen sich selbst reflektiert haben, kann ein Team daraus einen gemeinsamen Schritt machen:

Beispiel: Biografien teilen

1. Schritt: Einstieg

- Teilen Sie sich in Gruppen von drei bis vier Kolleginnen und Kollegen auf.
- Es gibt mehrere Rollen, die Sie abwechselnd übernehmen. Besprechen Sie die Reihenfolge der Aufgabenteilung: a) Moderatorin, b) Erzähler/-in(nen), c) Nachfrager/-in(nen), d) Dokumentar/-in.
- Legen Sie gemeinsam Zeiträume fest, die Ihnen mit Blick auf Ihre Biografie wichtig erscheinen (z. B. frühe Kindheit, Schulzeit, frühe Jugend, Ausbildungszeit, Praktikumserlebnisse oder der Berufseinstieg).

2. Schritt: Haupterzählung(en)

- Die Haupterzählung kann in der Gruppe als Folge von Einzelerzählungen stattfinden oder …
- … im Sinne eines Brainstormings die Sammlung von sich ergänzenden Erzählungen sein.

3. Schritt: Nachfragephase

- Die Nachfrager/-in(nen) stellen Fragen mit drei Richtungen: 1. Welche (Kindheits-)Erinnerungen gibt es parallel zur Erzählung? 2. Können Sie die erwähnte Erzählung weiter ausführen (Detaillierung)? 3. Haben/finden Sie in der eigenen Biografie Belege für praktische Auswirkungen der Erfahrung?
- Achtung: Stellen Sie möglichst offene Fragen und vermeiden Sie Warum-Fragen.

4. Schritt: Bilanzierungsphase

- Beschreiben Sie Wiederholungen und Regelmäßigkeiten in den Erzählungen.
- Halten Sie die wichtigsten Übereinstimmungen innerhalb der Biografieerzählungen auf einem Plakat fest.
- Halten Sie die individuellen, eher nicht übereinstimmenden Biografieerzählungen fest. Kennzeichnen Sie diese (z. B. in Form einer Tabelle)!

2.4 Das bedeutet fachliche Entwicklung für mich

In Gesprächen mit Erzieherinnen und Erziehern erfahren Sie eine Reihe möglicher Motive, die hinter der eigenen Qualitätsentwicklung stehen können. Die folgenden Aufzählungen sind Beispiele und Orientierung zugleich. Nehmen Sie sich doch einen Bleistift und haken Sie die Motive ab, die Sie teilen können!

Ziele eines Qualitätsprozesses

- Weiterentwicklung und Reflexion der bisherigen pädagogischen Arbeit
- Neue Informationen und Impulse
- Aktuelles Fachwissen aneignen, um auf dem neuesten Stand zu sein, z. B. Kennenlernen verschiedener pädagogischer Konzepte
- Fachkompetenz erweitern, um professioneller zu arbeiten, z. B. mit kritischem Blick auf den Orientierungsplan
- Strukturen der Bildungsansätze mit ins Team nehmen
- Integration der eigenen Berufserfahrung
- Zusatzqualifikation
- Erfahrungsaustausch und Diskussion mit anderen Kolleginnen und Kollegen

Entwicklungen: Transfer der neuen Erkenntnisse und Kompetenzen in den pädagogischen Alltag

Der eigene Anspruch

- Reflexion der eigenen Arbeit und der eigenen Person
- Anspruch steigt mit neu erworbenem Wissen – bei mir und im Team
- Standpunkte kritisch hinterfragen
- Eigenen pädagogischen Anspruch nach außen kompetent transparent machen
- Neue Infos erhalten

Verständigung: Offen sein für Neues und trotzdem seinen Grundsätzen treu bleiben

Persönliches Engagement bedeutet ganz praktisch:

im Qualitätsprozess

- eine offene Haltung Neuem gegenüber
- motiviert sein
- Lust zum Gedankenaustausch und Mut zur eigenen Stellungnahme
- die Zeit, Ausdauer und Motivation aufbringen, nicht nur ein- oder zweimal pro Woche, sondern auch für Referate, Hausarbeit und eigene Recherche
- Ehrgeiz und Durchhaltevermögen zeigen
- sich mit neuen Präsentationsformen und Methoden vertraut machen
- sich eigenen Schwächen stellen

im Berufsalltag

- sich trauen, im Alltag Impulse einzubringen
- neue Impulse in der täglichen Arbeit ausprobieren und umsetzen, z. B. in der Arbeit mit den Kindern, Kollegen und Eltern
- Wissen und neue Erkenntnisse an das Team weitergeben
- mehr Sicherheit gegenüber dem Team, Trägern, Eltern usw. entwickeln
- sich fachlich auf dem Laufenden halten

Entwicklung der eigenen Persönlichkeit durch den Qualitätsprozess (Werte, Erfahrungen, Haltung)

- differenziert wahrnehmen ohne zu werten
- professionelle, souveräne Haltung
- bessere Selbstreflexion
- neue Programme (z. B. Projekte) kennenlernen und reflektieren
- einen Standpunkt entwickeln und diesen auch vor Anderen vertreten
- Überprüfen der eigenen Werte (Wertschätzung, Empathie usw.)
- Vorbildfunktion
- Aufwertung des Erzieherberufes
- Selbstbewusstsein
- Argumente basieren auf den neuesten Erkenntnissen

3 Bildungspläne, Qualitätsvorstellungen und unsere „gelebte" Konzeption – mit Leitlinien die Praxis ordnen

3.1 Bildungsideen wachsen auf der ganzen Welt

3.2 Positionen die uns prägen

3.3 Unser Team ist eine Gruppe?! Ein kleiner Ausflug in die Theorie

3.4 Unser Team als aktive Gruppe

Die Bildungspläne konkretisieren die pädagogischen Leitbilder und Grundhaltungen und definieren Ziele, die für das jeweilige Bundesland relevant sind. Jedes Team hat die Aufgabe, die Inhalte des jeweiligen Bildungsplans und die Qualitätskriterien in die eigene Konzeption zu „übersetzen". Die pädagogischen Fachleute definieren vor Ort ihre Arbeit, passend zur Lebensrealität und zu den Entwicklungsbedingungen der Kinder und Familien, mit denen sie arbeiten. Alle konzeptionellen Inhalte müssen einem Vergleich mit den umgebenden Standards standhalten und werden konkret formuliert im Teamordner festgehalten.

3.1 Bildungsideen wachsen auf der ganzen Welt

Die Quelle

> *Die Vereinten Nationen initiieren eine weltweite Bildungsinitiative*
> *Die globale Vision der Weltdekade ist es, allen Menschen Bildungschancen zu eröffnen, die es ermöglichen, sich Wissen und Werte anzueignen sowie Verhaltensweisen und Lebensstile zu erlernen, die für eine lebenswerte Zukunft und eine positive gesellschaftliche Veränderung erforderlich sind.*
> *Der Weg zur Nachhaltigkeit führt über Bildung*
> Quelle: UNESCO: Die UN-Dekade Bildung für nachhaltige Entwicklung, 2005–2014

Ideen: Fachliche Quellen inspirieren.

> *Gestaltungskompetenz*
> *Vor allem fördert Bildung für nachhaltige Entwicklung die Gestaltungskompetenz. Sie umfasst folgende Fähigkeiten:*
> *vorausschauendes Denken;*
> *interdisziplinäres Wissen;*
> *autonomes Handeln;*
> *Partizipation an gesellschaftlichen Entscheidungsprozessen.*
> *Der Einzelne erfährt durch Bildung für nachhaltige Entwicklung: Mein Handeln hat Konsequenzen. Nicht nur für mich und mein Umfeld, sondern auch für andere. Ich kann etwas tun, um die Welt ein Stück zu verbessern.*
> *…*
> *Da sich qualifiziertes Engagement und wirkungsvolle Partizipation nicht von selbst einstellen, ist es zentrale Aufgabe der Bildung, den Menschen beizubringen, wie sie die weitere Entwicklung unserer Gesellschaft zukunftsfähig gestalten können.*
> Quelle: UNESCO: Die UN-Dekade Bildung für nachhaltige Entwicklung, 2005–2014

Was das Team daraus machen kann

Die Orientierung eines Teams hängt von gemeinsamen Zielen ab. Die Ziele ergeben sich aus persönlichen Erfahrungen, dem Blick auf die Lebensbedingungen der Kinder, die in die Kindertagesstätte kommen und aus den Vorstellungen davon, was die Kinder in ihrer Zukunft brauchen.

Sammeln Sie Ihre Visionen von der Zukunft. Was erwartet die Kinder in ihrem späteren Leben – im Jahr 2020, wenn sie Jugendliche sind oder 2030, wenn sie als junge Erwachsene ihr Leben meistern?

Ideen: Gemeinsame Leitbilder stehen für das „Wir".

Die Leitfragen:

- Wie werden die Menschen im Jahr 2020/2030 privat zusammenleben?
- Wie werden die Menschen im Jahr 2020/2030 arbeiten?
- Wie werden die Menschen im Jahr 2020/2030 ihre Freizeit verbringen?
- Wie werden die Menschen im Jahr 2020/2030 ihr gesellschaftliches Zusammenleben gestalten?

Der Auftrag für das Team

Stellen Sie in Arbeitsgruppen Schlagworte zusammen, die Ihre Vorstellungen vom Leben in der Zukunft darstellen. Sammeln Sie im nächsten Schritt Erziehungs- und Bildungsaufgaben, die sich daraus für heute ergeben und ordnen Sie diese Aufgaben Familie und Kindereinrichtung zu. Ihre Visionen könnten zum Beispiel so aussehen:

Visionen zum Jahr 2030

- Privatleben:
  - keine bzw. neue Familienstrukturen
  - Patchwork
  - diverse Modelle des Zusammenlebens
  - Sehnsucht nach Gemeinschaft und sozialer Vernetzung
  - im Privaten wird die Technik vorherrschen
  - große Anzahl von älteren Menschen über 80 Jahre
- Arbeitswelt:
  - längere Arbeitszeiten
  - höhere Arbeitsleistung
  - höhere Flexibilität bei Wohnort, Arbeitsort und Beruf
  - mehr Arbeit mit Computer/weniger persönliche Kommunikation
- Freizeit:
  - Freizeit wird in den Beruf integriert, wie bereits heute in Amerika und Japan
  - „echte" Freizeit wird zur Entspannung und Erholung genutzt (virtuelle Freizeitangebote)
  - künstliche Erlebniswelten werden zunehmen, wie beispielsweise Center Parks
  - Freizeit wird vorgeplant und fremdgesteuert
  - Freizeit wird individuell ausgesucht
  - Freizeit wird auch zur Weiterbildung genutzt
- Gesellschaft:
  - noch größere Globalisierung
  - wirtschaftliche Interessen im Vordergrund
  - mehr Hitech
  - natürliche Ressourcen sind aufgebraucht

Welche Konsequenzen, für die Kindertageseinrichtung und die Familien, ergeben sich aus den Vorstellungen von der Zukunft? Aus den Visionen könnten sich zum Beipiel folgende Aufgaben ergeben:

Wir reflektieren uns: Erwartungen an die Zukunft werden heute Praxis

Unsere Aufgaben heute

VISIONEN 2030	INSTITUTION	FAMILIE
Privatleben	▪ mehrere Generationen begegnen sich in der Einrichtung ▪ ehrenamtliche Tätigkeiten fördern ▪ Projektarbeit ▪ gruppenübergreifend arbeiten ▪ Selbstständigkeit fördern ▪ Übungen des täglichen Lebens nach M. Montessori ▪ Vereine in den Kiga einbeziehen	▪ Werte vermitteln ▪ Freundschaften pflegen ▪ Traditionen pflegen ▪ Kinder in hauswirtschaftliche Tätigkeit mit einbeziehen ▪ Kinder mithelfen lassen
Arbeitswelt	▪ ganzheitliche Förderung ▪ Lieder, Reime usw. in verschiedenen Sprachen ▪ gezielter Einsatz von Medien zu bestimmten Projekten ▪ gegenseitige Besuche verschiedener Institutionen (Feuerwehr, Bäckerei, Seniorenheim, Bürgermeisteramt) ▪ gemeinsame Mahlzeiten ▪ Betreuungszeiten erweitern	▪ Förderung der Eigenverantwortlichkeit: Anziehen, Toilette ▪ Eltern sollen ihre Muttersprache pflegen und mit den Kindern sprechen ▪ zeitliche Begrenzung der Mediennutzung ▪ gemeinsame Freizeitgestaltung ▪ statt Kindergeld freie Kigaplätze
Freizeit	**1. Ziele:** ▪ Selbstwertgefühl/Ich-Stärke/Sozialkompetenz ▪ Begabungen finden, unterstützend in die Wege leiten ▪ Empfehlung, Impulse setzen **2. Ziele:** ▪ angemessener Umgang/Handhabung mit Medien ▪ Hinführung in die Medienwelt **3. Ziele:** ▪ soziales Umfeld/Kontakte ▪ Eltern-Kind-Aktionen z. B. Ausflug, Feste, Altennachmittag	▪ Kontrolle z. B. Fernsehprogramm, Material bereitstellen z. B. PC zur Vertiefung ▪ Vereine ▪ Vorbild sein ▪ Organisation von Tagesablauf
Gesellschaft	**1. Ziele:** ▪ Sozialkompetenz ▪ Mitgefühl ▪ Werte ▪ Hilfsprojekte ▪ Spendenaktionen **2. Ziele:** ▪ Individuum bleiben, sich selbst treu bleiben „Selbstwertgefühl" ▪ Individualität anerkennen ▪ Orientierung am Kind	▪ Weltanschauung ▪ Werte vermitteln ▪ Begabungen anerkennen ▪ Raum und Material geben für die Umsetzung der Ideen

Aus solchen Sammlungen entstehen bereits erste Teamvereinbarungen. Es werden Aussagen dazu gesammelt, was den Kolleginnen und Kollegen in der Arbeit mit den Kindern am wichtigsten erscheint. Markieren Sie auch einen Hinweis auf die Bedeutung der Aussagen für die „gelebte Konzeption", indem Sie festhalten, wie viele Teammitglieder voll und ganz hinter den Einzelaussagen stehen.

Das Ergebnis einer solchen Analyse kann zum Beispiel ein Meinungsbild sein:

Verständigung: Dahinter steht das Team.

> **Das Wichtigste für unser siebenköpfiges Team ist es, dem Kind zu zeigen: Ich gehöre in diese Welt und sie ist spannend.**
>
> Wir vermitteln Geborgenheit (3x), um über Beziehungen Talente zu entdecken und zu fördern.
>
> Die Erfahrung „Jeder ist o.k.!" und „Jeder wird so angenommen, wie er oder sie ist!" gibt die notwendige Orientierung und den Schutz, um sich als Teil der Gemeinschaft einbringen zu können.
>
> Die Gemeinschaftsfähigkeit baut auf soziale Werte auf und führt schrittweise dazu, dass Kinder Verantwortung mittragen.
>
> Mit anderen zurechtkommen, hilfsbereit sein und andere annehmen wie sie sind, sind Bausteine des sozialen Miteinanders in unserem Alltag.
>
> Die Kinder erproben mit uns Sozialverhalten (5x) und werden nach und nach selbstständiger (7x).
>
> Wir bewahren ihre Neugier und schaffen den Rahmen für Erfolgserlebnisse, die Selbstvertrauen (7x), Selbstwertgefühl und Selbstsicherheit vermitteln.
>
> Die persönlichen Ressourcen, über die ein Kind verfügt, gedeihen in einer humorvollen, harmonischen und kreativen Atmosphäre.

3.2 Positionen, die uns prägen

Die Quelle

> *Kindertageseinrichtungen in der öffentlichen Diskussion – zwischen Wertschätzung und hohen Anforderungen*
> *Kindertageseinrichtungen erfreuen sich seit einiger Zeit einer zunehmenden öffentlichen Aufmerksamkeit. Man erkennt deutlicher ihren Wert für das Aufwachsen und die Förderung von Kindern an. Waren sie über eine lange Zeit in der öffentlichen Meinung auf die Funktion begrenzt, eine möglichst gute „Betreuung" für Kinder zu organisieren und dabei soziale Kompetenzen zu vermitteln, die den Kindern das Hineinwachsen in das schulische Lernen erleichtern sollten, so gerät mittlerweile der Lern- und Erziehungscharakter der Kindertageseinrichtungen deutlicher in den Blick der Öffentlichkeit.*

> *Die in den öffentlichen Debatten zum Ausdruck kommende Wertschätzung der Bedeutung von Kindertageseinrichtungen hat jedoch noch eine „zweite Seite": Die Erwartungen, die aus unterschiedlichen Bereichen von Politik und Gesellschaft an Kindertageseinrichtungen gerichtet werden, markieren für die Träger von Kindertageseinrichtungen und für die dort tätigen Fachkräfte hohe Anforderungen, an denen sie gemessen werden. Ohne einen gleichzeitigen umfassenden Diskurs darüber, welche Erwartungen unter welchen Voraussetzungen als realisierbar anzusehen sind und durch welche Maßnahmen und Ressourcen Kindertageseinrichtungen in die Lage versetzt werden sollen, den Erwartungen auch nur annähernd entsprechen zu können, sind Enttäuschungen vorprogrammiert.*
> Quelle: Bundesjugendkuratorium (Hrsg.): Zukunftsfähigkeit von Kindertageseinrichtungen, 2008, S. 4

Was das Team daraus machen kann

Impulse: Wichtige Fachaspekte werden mit der eigenen Praxis verglichen.

Wie die Kindertageseinrichtungen in der Stellungnahme des Bundesjugendkuratoriums als „Hoffnungsträger" bezeichnet werden, macht viele Erzieherinnen einerseits stolz. Andererseits aber fällt es ihnen schwer, die vielseitig an sie herangetragenen Anforderungen, unter den bestehenden Rahmenbedingungen, für alle Parteien zufriedenstellend zu erfüllen.

Schauen wir uns das Beispiel der Kindertagesstätte Wunderfitz in Süddeutschland an: Das Team ist zufällig auf die Stellungnahme des Bundesjugendkuratoriums gestoßen. In drei Teamsitzungen haben die Erzieher/-innen die Aussagen in ihre Praxis übertragen. Ihre Ambition war es, die eigene Arbeit und die eigene Person zu reflektieren, den eigenen Standpunkt kritisch zu hinterfragen – für sich und im Team – und den eigenen pädagogischen Anspruch nach außen kompetent transparent zu machen:

Unsere Einrichtung

3-gruppig (1 Tagesstätte, 2 VÖ-Gruppen) (Gesamtöffnungszeit pro Woche: 50 Std.)
60 Kinder im Alter von zwei bis sechs Jahren (davon 80 % mit Migrationshintergrund, 60 % aus sozial benachteiligten Familien)
Fachkräfte gesamt: 615 % (davon 25 % Leitungsfreistellung), Spracherzieherin über das Landesprojekt, Heilpädagogin je nach Bedarf

Räumliche Ausstattung:

- 3 Gruppenräume
- 1 Schlafraum
- 1 Intensivraum
- 1 Küche
- 1 Waschraum
- 1 Büro
- Außenspielbereich

Erwartungen, die an uns herangetragen werden

- gezielte Förderung des Spracherwerbs und der Sprachentwicklung
- Förderung verschiedener Facetten der Wahrnehmung
- Förderung der „naturwissenschaftlichen" Offenheit und mathematischen Vorläuferfähigkeiten
- Vorbereitung auf die Schule
- Vorbereitung auf die Gesellschaft
- sozial-emotionale Fähigkeiten stärken
- positive Bewegungserziehung
- Gesundheitsförderung (gesunde Ernährung, Körperpflege usw.)
- Erkennen möglicher Kindeswohlgefährdung
- Vermittlung von Hilfen an die Eltern
- Kooperation mit dem Jugendamt
- Förderung von Kreativität (Musik und Kunst)
- emotionale Bindung aufbauen und Sicherheit geben
- Umgebung schaffen, die Sicherheit bietet
- Förderung der kognitiven Fähigkeiten
- Vermittlung von Werten
- Kooperation mit Eltern, Träger, Schule und anderen Institutionen
- Beobachtung und Dokumentation der Bildungs- und Entwicklungsprozesse der Kinder
- Fort- und Weiterbildung der Fachkräfte
- Vertretung anderer Mitarbeiter/-innen bei Krankheit, Fortbildung, Urlaub usw.
- Transparenz der pädagogischen Arbeit/Öffentlichkeitsarbeit
- Konzeptionserarbeitung und -aktualisierung

Damit dies qualitativ gut gelingt, benötigen wir...

- Personal
  - für acht bis zehn Kinder eine Fachkraft (hierbei sind Betreuungsformen/ Alter der Kinder/soziales Umfeld zu berücksichtigen)
  - Gewährleistung der Fort- und Weiterbildung für Fachkräfte
  - gute Ausbildung für Erzieher/-innen
  - angemessenes Gehalt
  - Gewährleistung des Personalschlüssels (auch bei Krankheit und sonstigem Ausfall von Personal → gesicherte, qualifizierte Vertretung)
  - Freistellung der Leitung
  - Qualifizierung der Leitung für Organisation und Management

- **Qualifizierung der Fachkräfte**
  - Gewährleistung von Supervision, Prozessbegleitung
  - qualifizierte Fachberatung
  - reichhaltiges und qualifiziertes Fortbildungsangebot
  - umfangreiche und unterstützend informative Fachliteratur
  - guten technischen Standard (PC, Internet, Flipchart usw.)

- **ausreichende Verfügungszeit für die**
  - Vorbereitung und Reflexion von pädagogischen Aktivitäten
  - Teamarbeit (Fallbesprechungen, Organisation und Planung, Mitarbeitergespräche, Auseinandersetzung mit aktuellen pädagogischen Themen, Entwicklung von Standards, Konzeptionsentwicklung usw.)
  - Dokumentation von Entwicklung und Bildungsfortschritten der Kinder
  - Gestaltung der Erziehungspartnerschaft mit den Erziehungsberechtigten (Entwicklungsgespräche und Elterngespräche, Elternabende, Familienaktivitäten und -feste, Zusammenarbeit mit dem Elternbeirat, Elternbildung usw.)
  - Beschaffung von Arbeitsmaterial, Nahrungsmitteln usw.
  - Anleitertätigkeit
  - Kooperation mit Fachstellen, Kinderärzten, Heilpädagogen, Therapeuten

- **Räume**,
  die an die Gruppenstruktur angepasst sind:
  - mit einer Differenzierung der Möglichkeiten, wie beispielsweise einer zweiten Spielebene, einer Küchenzeile oder einem angrenzenden Intensivraum
  - mit einer Struktur, die zu praktischen Abläufen passt, wie beispielsweise einem angrenzenden Material- und Waschraum oder einem separaten Wickelbereich

  die vielseitig sind:
  - Schlafraum und Snoezelenraum
  - Atelier und Werkraum
  - Bewegungsraum und Aula für gruppenübergreifende Aktivitäten, Elternaktivitäten usw.
  - Raum für intensive und ungestörte Gespräche
  - großzügige, anregungsreiche und naturnahe Außenfläche
  - Rückzugsmöglichkeiten für das Personal

- **Gesundheitsschutz**
  - lärmisolierte Räume
  - gute Lichtverhältnisse
  - gesunde Raumatmosphäre (Heizung, Belüftung usw.)
  - ausreichende Pausen für das Fachpersonal in Räumen, die Erholung zulassen

Leitorientierung: Chancengerechtigkeit

Das BJK formuliert folgende Kerninhalte:

Wir reflektieren uns: Auf wichtige Inhalte folgen eigene Stellungnahmen.

„Im Mittelpunkt steht die Ausrichtung an der einzelnen Persönlichkeit und der individuellen Förderung des Kindes. ‚Chancengerechtigkeit' ist eine Zielformel, die immer das einzelne Kind in den Blick nimmt."

Quelle: Bundesjugendkuratorium (Hrsg.): Zukunftsfähigkeit von Kindertageseinrichtungen. Stellungnahme des Bundesjugendkuratoriums, 2008, S. 14

Es soll eine besondere Förderung für Kinder stattfinden, in deren familiären und sonstigen Lebensverhältnissen markante Benachteiligungen enthalten sind (kompensatorischer Aspekt).

Ein besonderes Augenmerk liegt auf Kindern unter drei Jahren, Kindern aus bildungsfernen Familien und Kindern mit Migrationshintergrund.

Ein zentraler Aspekt für einen nachhaltigen Bildungs- und Lernerfolg ist die intensive Verknüpfung von Familie und Kindertageseinrichtung. Eine darauf bezogene Stellungnahme könnte folgendermaßen aussehen:

> **Unsere Stellungnahme**
>
> Die Aussagen und Anregungen des BJK finden unsere Zustimmung. Die Umsetzung der Impulse in die tägliche Arbeit wird aber aktuell durch unüberwindliche Hürden gebremst.
>
> Die Erfahrungen, die unserer Stellungnahme zu diesem Teilaspekt zugrunde liegen, kommen aus zwei Kindertageseinrichtungen, die sich durch ihre Lage und den Einzugsbereich deutlich unterscheiden (Stadt/Land; hoher/geringer Anteil der o. g. Zielgruppen). Die Hindernisse, auf die wir bei dem Versuch stoßen, das Prinzip Chancengerechtigkeit umzusetzen, sind in beiden Fällen identisch.
>
> Das BJK stellt fest, dass sich die pädagogische Arbeit deutlich mehr am einzelnen Kind ausrichten und dessen Stärken und eventuelle Förderbedürfnisse aufgreifen soll. Um diesen Anspruch umzusetzen, müssten die Kinder in kleinen Gruppen gefördert werden. In der Kernbetreuungszeit (9:00–11:00 Uhr) befinden sich aktuell ca. 75 Kinder in der Kindertageseinrichtung, die von sechs Fachkräften begleitet werden. Außerhalb dieser Phase ist die Situation eher schlechter. Selbst bei optimaler Alltagssituation bedeutet das einen Betreuungsschlüssel von 1:12,5. Wird dieser Schlüssel zugunsten einer Kleingruppe verändert, verschlechtert sich das Erzieher-Kind-Verhältnis für die anderen Kinder.
>
> Um eine Differenzierung der Lernsituationen und eine Individualisierung praktisch zumindest mit 1:12 umzusetzen, sollten wir mindestens sechs Räume zur Verfügung haben, die aber in beiden Einrichtungen nicht vorhanden sind.
>
> Weder die optimale Größe der Lerngruppe (vier bis acht Kinder) noch die optimale Lernumgebung ist in unseren Beispielen gegeben.
>
> Die Zielgruppe der Kinder mit Migrationshintergrund deckt sich in unseren Kindertageseinrichtungen mit bildungsfernen Familienhintergründen. Ein großer Teil der Kinder kommt ohne altersgemäße Grundfähigkeiten und mit deutlichen Teilleistungsschwächen zu uns. Die Kinder, die altersgemäß entwickelt sind, ein hohes Maß an Interesse mitbringen und wissbegierig sind, stellen den Gegenpart dar.
>
> Bei der Verschiedenheit der Kinder ist es sehr schwierig, in allen Bildungsbereichen sinnvolle Lerngruppen zu bilden, um dann beispielsweise stärkenorientiert zu arbeiten. In größeren, gemischten Lerngruppen kommt es praktisch unmittelbar zu einer Über- oder Unterforderung des einzelnen Kindes.

Die Wahrnehmung der individuellen Stärken und Schwächen eines Kindes mit dem Ziel, die pädagogische Arbeit daran auszurichten, stellt eine weitere Herausforderung dar. Die theoretische und praktische Wahrnehmungskompetenz und die fachliche Beobachtungskompetenz ist in unseren erfahrenen Teams durchaus vorhanden. Das kontinuierliche Beobachten, Dokumentieren und Ableiten individueller Planung, die Zielkontrolle und die Kommunikation mit Kind und Eltern sprengt den Rahmen unserer Ressourcen aber bei Weitem.

Kindergartenarbeit und ihre Konzeption lebt von der Weiterentwicklung

Veränderungen bei den Kindern, den Eltern, dem Umfeld und nicht zuletzt beim Kindergarten selbst tragen zur Weiterentwicklung bei. Eine Konzeption ist immer „ein Dokument auf Zeit" (siehe folgendes Beispiel).

Verständigung: Die Konzeption ist ein Dokument auf Zeit.

Es gibt bereits viele Einrichtungen, die den Bildungsaspekt in ihrer Konzeption verankert haben und diese weiterentwickeln und verändern. Auch wir stimmen Ihrer Stellungnahme zu. Tatsächlich stehen viele Einrichtungen vor Veränderungen, es werden Kinder unter Drei aufgenommen, Krippengruppen angebaut, hinzu kommt der Orientierungsplan, der umgesetzt werden muss und der Bildungsaspekt, welcher stärker in den Blick genommen werden soll.

Wir sehen es als pädagogisch fragwürdig an, Kinder unter Drei in Einrichtungen aufzunehmen, ohne die Konzeption und die pädagogische Arbeitsweise bewusst darauf auszurichten. In der Praxis ist aber oft genau das der Fall. Zum Beispiel heißt es, in vier Monaten will die Gemeinde Kinder unter Drei aufnehmen, überlegt euch, liebe Erzieher/-innen, wie ihr das umsetzen wollt. Es gibt niemanden, der uns Fragen beantwortet, keine finanziellen Mittel für Fachliteratur und niemanden, der sich mit der Konzeption der Einrichtung befasst und uns berät, wie wir diese Aufgabe in vier Monaten meistern sollen.

Welche Kinder aufgenommen werden (bei 50 Anmeldungen), wie viel Geld der Krippe zur Verfügung stehen soll, die pädagogische Arbeitsweise, personelle Besetzung usw. sind noch unklar. Zwei Teammitglieder haben sich entschieden, in der Krippe zu arbeiten. Das bedeutet für die Einrichtung eine neue personelle Besetzung, eine andere Arbeitsweise, neue Aufgaben und Herausforderungen. Für die zwei Teammitglieder heißt es, Informationen einzuholen, sich fachlich mit dieser Altersstufe auseinanderzusetzen, sich um Fort- und Weiterbildungen zu kümmern, sich ein Raumkonzept zu überlegen usw. Einrichtungen, die vor solchen Veränderungen stehen, benötigen Zeit, klare Informationen und Auskünfte von Trägern und natürlich Unterstützung bei der Planung und Umsetzung.

Zeit und Begleitung bei der Erarbeitung der Konzeption und des Bildungsprofils

- Fort- und Weiterbildungen ermöglichen, (Fahrt-) Kosten sollen übernommen werden (auch gemeinsam mit dem Träger).

- Um neueste Erkenntnisse und Entwicklungen aus der Forschung zu berücksichtigen und die pädagogische und organisatorische Arbeit qualitativ steigern zu können ist es notwendig, Fachliteratur zur Hand zu haben. Dies gilt vor allem dann, wenn Einrichtungen vor großen Veränderungen und Umstrukturierungen stehen, z. B. bei der Aufnahme von Kindern unter drei Jahren. Leider sind dafür die finanziellen Mittel nicht vorhanden. Fachliteratur wird privat von Erzieher/-innen angeschafft oder aber ein Flohmarkt im Kindergarten organisiert, um solche grundlegenden Anschaffungen machen zu können. Rund 500,00 € im Jahr für Fachliteratur sollten Einrichtungen zur Verfügung haben.

- Pädagogische Fachberatung, die den Prozess begleitet und unterstützt und/oder

- Supervisor, der für Einigkeit im Team sorgt. Für eine gute Zusammenarbeit im Team wären grundlegende und verbindliche Vorgaben zur fachlichen Haltung, die unumstößliche theoretische Erkenntnisse berücksichtigen, förderlich.

- Beteiligung der Kinder unter dem Aspekt Zeit: Vorbereitung, Durchführung und Auswertung (z. B. Gesprächskreise, Interviews, Kinderkonferenzen, vgl. Nationaler Aktionsplan S. 30).

- Beteiligung der Familien (z. B. Gesprächskreise, Elternabende, Interviews, Interessengruppen, Gremien, Fragebögen).

- Beteiligung des Trägers zur Orientierung bei grundlegenden Entscheidungen bezüglich Investitionen, Personalentwicklung und Profilbildung.

- Zu beachten ist noch, dass die Konzeption immer wieder überprüft und gegebenenfalls modifiziert werden muss. Oft fehlt dem Gesamtteam die Zeit, die Dienstbesprechungen sind zu kurz, um prozessorientiert und konstruktiv arbeiten und diskutieren zu können. Deshalb schlagen wir vor, zwei zusätzliche Planungstage im Jahr zur Erstellung und/oder Überprüfung der Konzeption und Qualität in der Einrichtung zu ermöglichen.

3.3 Unser Team ist eine Gruppe?! Ein kleiner Ausflug in die Theorie

Sollten Sie einmal etwas Zeit übrig haben, lesen Sie sich diesen Abschnitt durch. Vielleicht findet sich der eine oder andere Impuls zu der Frage, ob das Team, in dem Sie arbeiten, eine Gruppe ist. Beide Begriffe tauchen im folgenden Text mehrmals auf. Blickwinkel werden eingenommen und wieder verlassen, um später erneut eine Rolle zu spielen. Entscheiden Sie selbst, wie diese Aspekte mit der Qualitätsentwicklung eines Teams zusammenhängen.

Unser Alltag bindet uns in verschiedenen Ebenen in Gruppen ein (Familie, Freunde, Arbeitsgruppe usw.). Wichtige Entscheidungen der Gesellschaft werden eher von Gruppen als von Einzelnen gefunden und getragen, z. B. vom Parlament, Kabinett, Schöffengericht, Prüfungsbeisitzer. Es gibt wenigstens vier Disziplinen, die sich um die Erforschung des Phänomens Gruppe kümmern: die Kulturanthropologie, die Psychologie, die Sozialarbeit als angewandte Sozialpsychologie und die Soziologie, die schon in ihren Anfängen natürliche Kleingruppen untersucht hat. Während die Organisation bewusst auf spezifische Zwecke und Ziele orientiert und der Intention nach rational gestaltet ist, zeichnet sich die Gruppe durch **unmittelbare** Mitgliederbeziehungen aus, die relativ **dauerhaft** sind.

Unmittelbarkeit

In der Gruppe bestehen **unmittelbare Beziehungen**, das bedeutet, es gibt die Möglichkeit der intensiven und **regelmäßigen Kontakte**. Die Kommunikation verläuft nicht in bestimmten Grenzen und es gibt mindestens ebenso viele Nuancen der unmittelbaren Beziehungen wie es Mitglieder gibt.

Dauerhaftigkeit

Das Team ist mehr als ein Situationssystem, es ist dauerhaft.

Dauerhaftigkeit bedeutet, dass es eine wechselseitige Wahrnehmung aller Beteiligten gibt, die sich über einen längeren Zeitraum entwickelt und bewährt. Die Beziehungen entstehen und werden durch Begegnungen gepflegt. Eine Gruppe entwickelt die Fähigkeit zur **Latenz**, das heißt: Das Gefühl der Teamzugehörigkeit existiert weiter, auch wenn zeitweise keine Teamtreffen stattfinden. Die Voraussetzung dafür ist die Ausbildung eines „Wir-Gefühls", einer „gemeinsamen Identität" und eines Mindestmaßes an verlässlicher Organisation.

Gefühle

Einer der wesentlichen Unterschiede zur Organisation ist der Stellenwert der **Gefühle** in einer Gruppe. Sie haben die Funktion, Prozesse zu strukturieren und zu gewährleisten, dass eine Gruppe Bestand hat. Gefühle sind soziale Steuerungsmedien, aber sie sind nicht kontrollierbar, und sie sind zeitweise irrational. Daraus entstehen Enttäuschungen. Eine mögliche Folge wären soziale Konflikte. **Gefühlsbindungen** können in der Gruppe aber auch **formale Regeln ersetzen**.

Zusammenkünfte

Gefühle entstehen auf recht subtile Weise und benötigen daher „Räume", in denen sie sich entfalten können. Zusammentreffen haben dabei die Aufgabe, der Gruppe kollektive Selbsterfahrung zu ermöglichen. Nur über **gemeinsame Erlebnisse** entstehen Wir-Gefühle und können verinnerlicht werden. Die authentische Erfahrungsebene bietet die Chance auf die Echtheit sozialer Wahrnehmungen.

Man nimmt den anderen in Details wahr. Die Individualität des Einzelnen wird sichtbar. Allerdings hat diese Wahrnehmungsebene Grenzen. Bei lange bestehenden Gruppen lässt oft die verbale Kommunikation nach, man scheint sich auch ohne Worte zu verstehen. Die non-verbale Kommunikation (Gestik, Mimik) nimmt einen großen Platz ein. Dadurch, dass der Wahrnehmungsprozess komplexer wird, nimmt die Gefahr der Missverständnisse zu.

Innen und außen

Das **Innere der Gruppe** ist die versammelte Individualität der Mitglieder mit allen Stimmungen, Gefühlen, Bedürfnissen und Wertvorstellungen. Wenn Druck von außen oder innen entsteht, beispielsweise durch widersprüchliche Erwartungen, kann eine Gruppe dadurch eine **emotionale Stabilisierung** erreichen, dass die Gemeinsamkeiten in den Mittelpunkt rücken. Die Gruppe greift auf gemeinsame Gefühle zurück, vor allem auf gegenseitiges **Vertrauen**.

Die Mitglieder schenken sich gegenseitig Vertrauen, wenn das erlebte Verhalten annähernd berechenbar erscheint. **Berechenbarkeit** steht dabei in Wechselwirkung mit der Zeit, die zum Aufbau des Vertrauens benötigt wird. Eine Gruppe geht immer wieder ein Risiko ein, wenn neue, zunächst nicht einschätzbare Prozesse bewältigt werden. Die Mitglieder geben sich gegenseitig **Vertrauensvorschüsse**. Regularien und Kontrollinstanzen mit Sanktionsmechanismen treten zwar auf, eigentlich widersprechen sie aber dem „Gruppengeist". Die einzige zu rechtfertigende Sanktionsgrundlage für Gruppen ist die Moral beziehungsweise die Moralisierung von Normverstößen.

Abweichungstoleranzen

Selbst bei einer Abweichung von der Gruppenmoral kann die Gruppe Mechanismen einsetzen, die Abweichungen in irgendeiner Weise rechtfertigen. Diese Abweichungstoleranzen legen fest, inwieweit sich die **Mitglieder von den Normen und Werten der Gruppe entfernen** dürfen.

Es kommt auf die **Dosierung** an: Die Gruppe muss den Mitgliedern gegenüber empfindsam bleiben. Einerseits muss es möglich sein, jedes Mitglied individuell zu sehen. So ist z.B. eine Kollegin in Teamdiskussionen mitteilsamer als eine andere, aber trotzdem ist es für die Einzelne nicht möglich, sich bei Teamentscheidungen überhaupt nicht zu äußern.

Es ergeben sich **quantitative**[1] **Einschränkungen**: Wäre die Toleranz grenzenlos, hätte dies zur Folge, dass die Gruppenzustände normfrei werden, der Sanktionsapparat würde zusammenbrechen und das Resultat wäre die Handlungsunfähigkeit der Gruppe.

Rollen

Ob ein Mensch Mitglied einer Gruppe wird und welche Rolle er darin einnimmt, hängt nicht von seiner Position, sondern von seiner Person und seinen persönlichen Eigenschaften ab. Es gibt **spezifische Gruppenrollen**. Eine Gruppe strukturiert in der Regel die vorhandenen **Rollen**, es gibt beispielsweise die Organisatorin und die Zeitwächterin. Aufgrund der **Gruppenflexibilität** werden die Rollen variabel gehalten, die Organisatorin eines Elternabends ist eine andere Kollegin als die Organisatorin der Waldwoche. Rolleninhalte werden immer wieder neu ausgehandelt, besonders in Qualitätsprozessen. Daraus folgt der Schluss, dass Gruppenprozesse von den Handlungskulissen wie den Gefühlen, Stimmungen usw. bestimmt werden, die meist mehrdeutig und unbewusst und nicht an Rollen gebunden sind.

Grenzen setzen

Individuelle Themen können nicht aus dem Teamgeschehen herausgehalten werden. Wenn die Individualität der Teammitglieder eine Überforderung für die Gruppe darstellt, kann es zu Problemen kommen. Ein Team wäre beispielsweise kaum in der Lage, ein Teammitglied zu tragen, das einen pädagogischen Ansatz hat, der der gemeinsamen Konzeption widerspricht. In Qualitätsprozessen taucht das Problem der Abgrenzung auf: Die Qualität der einzelnen Fachleute wird in die Gruppe eingebracht. Die Gruppe beschränkt aber die **Selbstdarstellung einzelner Gruppenmitglieder** und vereinbart den Stil der Selbstdarstellung. Eine grenzenlose Offenheit bedeutet eine Überlastung des Systems. Zu enge Grenzen bedeuten eine übermäßige Verdrängung der Probleme. Um Grenzen aufzuzeigen, bedienen sich Teams Strategien wie Tadel, Schweigen, Themenwechsel, Scherz usw. Der Scherz bietet beispielsweise die Möglichkeit diskreter Kritik, vorausgesetzt, es bestehen gesicherte emotionale Bindungen.

Ein **Mindestbedarf an Abgrenzung** ist unvermeidbar, aber auch sehr variabel. Die Gruppe orientiert sich innerhalb ihres Systems in erster Linie an Personen und dann erst an abstrakten Regeln und spezifischen Rollen. In diesem Zusammenhang entsteht die **Typisierung der Teammitglieder**.

Gleichgewicht

Teams erleben Innen- und Außenweltansprüche und teilweise Widersprüche innerhalb dieser Bereiche. **Eine Gruppe ist um Gleichgewicht bemüht.** Erwartungen der Außenwelt sind für das Gleichgewicht im Inneren schwierig. Entsteht in der Gruppe

---

[1] *Quantitativ meint die Anzahl beziehungsweise Häufigkeit betreffend*

Druck, so kann der Blick für die Außenwelt verloren gehen. Das Gleichgewicht schwankt umso mehr, je mehr der externe Handlungsdruck steigt. Zur Wiederherstellung des Gleichgewichts braucht es Abgrenzungsmechanismen, Rollendefinitionen und eine Ordnung der Gefühle. Beispielsweise kann der Qualitätsprozess als eigene Angelegenheit definiert werden, auch wenn der Impuls zunächst von Eltern oder dem Träger kam.

Die **Integration aller Teammitglieder** in die Qualitätsprozesse ist dringend notwendig. Gelingt dies nicht, besteht die Gefahr einer Sanktionsspirale: Gefühle sind nicht zuverlässig planbar, wodurch die Gefahr der persönlichen Enttäuschungen steigt. Offenheit und Echtheit sind die besten Quellen für gute Teamprozesse.

Handlungsdruck

Erfüllt ein Team die bisher angeführten Eigenschaften, dann ist es auch fähig, Qualitätsprozesse durchzuführen. **Qualität als Gesamtheit der Erwartungen** aller Personen, Institutionen und Ereignisse, die außerhalb und innerhalb des eigenen Teams stehen und auf dessen Prozesse und Strukturen einwirken, stellt an die gesamte Gruppe Aufgaben, nicht nur an einzelne Mitglieder. Der Bedarf, sich geschlossen darzustellen und Entscheidungsmechanismen einzurichten, muss von allen Teammitgliedern akzeptiert werden. Daraus entsteht für die Gruppe ein zusätzlicher Bedarf an Konsens, das heißt: **Wir-Gefühl**.

Dieses theoretische Konzept des „Teams als Gruppe" ist, wie eingangs erwähnt, nur eine der möglichen Sichtweisen. Die Teamqualität wird sich zeigen, wenn sie an der realen Situation gemessen wird.

3.4 Unser Team als aktive Gruppe

Klären Sie in Ihrem Team, welche gemeinsamen Aufgaben leicht fallen und wer in der Regel Verantwortung übernimmt:

Verständigung: Ein Tipp zur Standortbestimmung des Teams

Aufgaben und Inhalte im Team	Prozesse und Verantwortliche
Motive und Motivationen	
Wie erhalten wir die Arbeitsmotivation der Teammitglieder?	
Gibt es Leitmotive, einen roten Faden oder eine gemeinsame „Identität"?	
Bringt jede Kollegin und jeder Kollege die eigenen Fähigkeiten und Interessen in den Alltag ein?	
Wie gelingt es, die Ressourcen aller zu nutzen?	
Haben wir eine Kultur, in der die Erprobung neuer Ideen aufkeimt?	

Aufgaben und Inhalte im Team	Prozesse und Verantwortliche
Motive und Motivationen	
Wie werden Anregungen und neue Ideen aufgegriffen?	
Wie qualifizieren sich Einzelne und das gesamte Team weiter?	
Austausch und Anregungen	
Wird regelmäßig reflektiert und gibt es dabei verschiedene Methoden?	
Wie werden Informationen transportiert?	
Wie werden konzeptionelle Diskussionen forciert?	
Wie gestalten wir inhaltliche und persönliche Auseinandersetzungen?	
Wie offen gehen wir mit finanziellen Fragen um?	
Beraten, begleiten und unterstützen sich die Teammitglieder gegenseitig?	
Werden Menschen außerhalb des Teams in Prozesse eingebunden, z. B. Eltern, andere Fachleute, Träger?	
Verbindlichkeit und Qualität	
Wer sorgt für die Entwicklung von eindeutigen und verbindlichen Qualitätskriterien?	
Werden Zielvereinbarungen auf verschiedenen Ebenen getroffen, beispielsweise zwischen Teammitgliedern, zwischen Teammitgliedern und der Leitung, zwischen Team und dem Träger?	
Wie wird mit Entscheidungen des Teams umgegangen?	
Sind die Positionen und Funktionen von Team und Leitung geklärt?	
Wer stärkt dem Team den Rücken?	
Wie stellen wir unsere Kindertagesstätte nach außen dar?	
Schauen wir über unsere eigene Einrichtung hinaus?	
Wie werden gesellschaftliche Entwicklungen und wissenschaftliche Erkenntnisse eingebunden?	
Wer macht sich für die kontinuierliche Qualitätsentwicklung stark?	

Merke:
Ein Team kann sich dann gut auf Qualitätsprozesse einlassen, wenn jedes einzelne Mitglied die positiven Folgen erkennt.

4 Eigene Standards ableiten und die eigene Fachlichkeit immer wieder neu erfinden

4.1 Alltag neu erfinden

4.2 Planungsansätze (er)finden

4.3 Lerngelegenheiten schaffen

4.4 Räume und Freiräume

4.5 Spiel

4.6 Sprache

4.7 Kooperationen

In diesem Kapitel geht es um praktische Tipps zur Übertragung von Fachimpulsen, beispielsweise aus der Literatur oder aus Seminaren, auf die eigene Praxis.

Die Beispiele weisen die Struktur eines Teamqualitätsordners auf, wie ihn einzelne Kolleginnen und Kollegen oder ganze Teams aufbauen können. Die Beispiele stammen aus der Praxis einiger Teams, die sich individuelle Standards gesetzt haben. Das Material wird regelmäßig als „Kontrollwerkzeug" genutzt und dient damit als eine Form der „freiwilligen Selbstkontrolle", das zudem in konzeptionellen Aussagen mündet.

Jeder Abschnitt beginnt mit einem beispielhaften Anlass, etwa einem Gespräch, einer Erinnerung, einer Veränderung im Betreuungsangebot oder einem direkten Impuls aus dem Bildungsplan. Es folgen Standards, Empfehlungen und Checklisten, die in Teamprozessen entstanden sind. Jeder Qualitätsschritt endet in einem Konzeptionselement oder zumindest in einer Zielvereinbarung.

4.1 Alltag neu erfinden

Impuls

> **Im Freispiel aufgeschnappt**
> Wir sammeln gerne Kinderzitate. Meine Kollegin hat in den letzten Jahren schon ein ganzes Regal mit „Kindermundbüchern" gefüllt.
> Neulich habe ich beim Nachmittagsimbiss ein Gespräch aufgeschnappt: „Gott sei Dank hat die mich heute in Ruhe gelassen!" „Ja, manchmal macht es gar keinen Spaß mehr, wenn sie dazu kommt und immer sagt, was wir jetzt machen sollen und so!" „Doofer als die Kleinen!" „Ja, stimmt! Die können wir wenigstens wegschicken." „Da kommt sie schon wieder."
> In diesem Moment kam meine Kollegin an den Tisch und hat die beiden daran erinnert, dass sie jetzt gleich zum Treffen der Wackelzahnbande gehen und fertig essen sollen.
> Ich habe die Szene kurz in das aktuelle Büchlein notiert und mir dabei gedacht, dass die Kinder genauso gut von mir hätten sprechen können. Wir machen das alle oft, die Kinder in dem unterbrechen, was sie gerade beschäftigt.

Ideen: Zentrale Themen werden zuerst geklärt.

Kinder haben feine Antennen für alles, was um sie herum geschieht. Sie registrieren beispielsweise, wie gut ihnen der Rhythmus eines Tages, einer Woche oder andere Strukturen tun. Die Alltagsprozesse, für die sich ein Team entscheidet, prägen alle weiteren pädagogischen Elemente. Die Gestaltung der Freispielzeit entscheidet beispielsweise darüber, wie ein Kind in sein Spiel hineinfindet, sich vertiefen kann und sich dann auch wieder daraus löst.

Der Lernalltag ist vielfältig und individuell

> *In jedem Menschen steckt – unbeschadet seiner eigenen Freiheit – die Triebfeder, sich zu entfalten. Er trägt von Beginn an individuelle Wesensmerkmale in sich, die ihn einzigartig und besonders sein lassen. Er braucht eine Umgebung, die ihn darin unterstützt und anregt, seinen Potentialen Gestalt zu geben.*
> *Quelle: Ministerium für Kultus, Jugend und Sport, Baden-Württemberg (Hrsg.): Orientierungsplan für Bildung und Erziehung in baden-württembergischen Kindergärten, 2005, S. 24*

Die Lernumgebung, die Kinder in einem Haus vorfinden, schafft in den Phasen mit offenen Räumen vielfältige Impulse. Ein Rahmen von Regeln ermöglicht es nach und nach allen Kindern, die Räume und das Material zu nutzen. Die Kinder akzeptieren bald, dass nicht alle auf einmal in einem Raum tätig werden können. Sie akzeptieren den turnusmäßigen Wechsel, z. B. aufgrund des Spielverlaufs oder der Konstellation von Spiel- bzw. Lerngruppen. Wir begleiten die Regelungen, die die Kinder finden.

Impulse: Ideen haben fachliche Quellen.

> *Jedes Kind ist zu unterschiedlichen Zeiten mit unterschiedlichen Themen beschäftigt und entwickelt ganz eigene Handlungsweisen.*
> Quelle: Ministerium für Kultus, Jugend und Sport, Baden-Württemberg (Hrsg.): Orientierungsplan für Bildung und Erziehung in baden-württembergischen Kindergärten, 2005, S. 44

Aus Beobachtungen im Alltag lassen sich gezielte Aktivitäten ableiten, die die Bedürfnisse und Themen der Kinder aufgreifen. Einerseits bieten pädagogische Fachleute jedem Kind die Möglichkeit auszuwählen, an welchen Lernprozessen es teilnehmen möchte, andererseits wird darauf geachtet, dass ein Kind ganzheitliche Förderung erfährt. Erwachsene motivieren und begleiten die Entscheidung des einzelnen Kindes. So entstehen in einem offenen Umfeld individuelle und gleichzeitig strukturierte Bildungsprozesse.

Tages- und Wochenstrukturen

Die Gestaltung des Alltags und die Struktur einer Woche sind für die Lerngelegenheiten, die Kindern geboten werden, ganz entscheidend. Jede Theorie wird hinfällig, wenn sie keine Auswirkungen auf die konkrete Praxis einer Kindertagesstätte hat. Die Analyse der aktuellen Tages- und Wochenabläufe ist ein typischer Schritt, der dem Team hilft, die Methoden zu überprüfen. Versetzen Sie sich in ein Kind. Wie erlebt es den Tag und die Woche? Wann ist es wo aktiv? Entscheidet es selbst oder wird es motiviert?

Wir reflektieren uns: Versetzen Sie sich in die Perspektive eines Kindes.

Ein Beispiel:

Grundsatzelemente:

- Jedes Gruppenteam setzt eigene Themen um
- Die Kinder können alleine ins Freie (im Blickfeld der Gruppenerzieher/-innen)
- Die Kinder können Bereiche im Gebäude alleine nutzen (ab 9:30 Uhr)
- Geschirr richten, abräumen (2x täglich), teilweise die Spülmaschine bestücken
- Beobachtungen
- eine Stunde Überschneidung mit Gesamtgruppen/Gruppenteamzeit (wöchentlich)

Der Tag und die Woche in unseren Gruppen

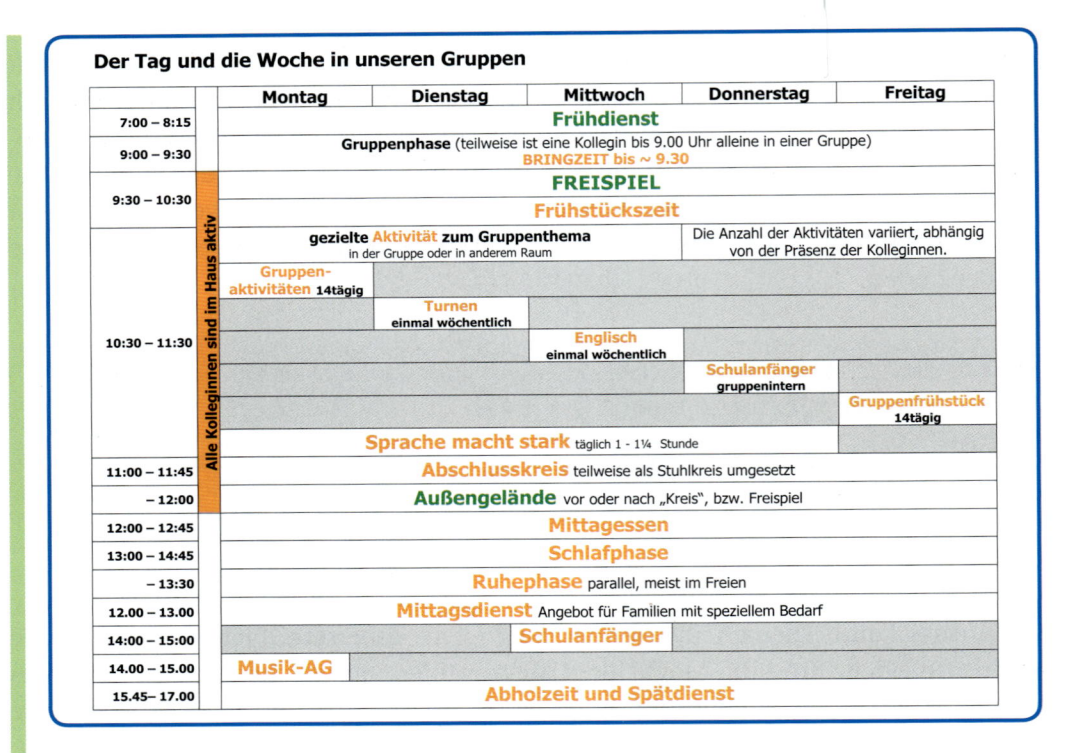

	Montag	Dienstag	Mittwoch	Donnerstag	Freitag
7:00 – 8:15	Frühdienst				
9:00 – 9:30	Gruppenphase (teilweise ist eine Kollegin bis 9.00 Uhr alleine in einer Gruppe) BRINGZEIT bis ~ 9.30				
9:30 – 10:30	FREISPIEL				
	Frühstückszeit				
10:30 – 11:30	gezielte Aktivität zum Gruppenthema in der Gruppe oder in anderem Raum			Die Anzahl der Aktivitäten variiert, abhängig von der Präsenz der Kolleginnen.	
	Gruppen-aktivitäten 14tägig				
		Turnen einmal wöchentlich			
			Englisch einmal wöchentlich		
				Schulanfänger gruppenintern	
					Gruppenfrühstück 14tägig
	Sprache macht stark täglich 1 - 1¼ Stunde				
11:00 – 11:45	Abschlusskreis teilweise als Stuhlkreis umgesetzt				
– 12:00	Außengelände vor oder nach „Kreis", bzw. Freispiel				
12:00 – 12:45	Mittagessen				
13:00 – 14:45	Schlafphase				
– 13:30	Ruhephase parallel, meist im Freien				
12.00 – 13.00	Mittagsdienst Angebot für Familien mit speziellem Bedarf				
14:00 – 15:00	Schulanfänger				
14.00 – 15.00	Musik-AG				
15.45– 17.00	Abholzeit und Spätdienst				

(Linke Spalte durchgehend: **Alle Kolleginnen sind im Haus aktiv**)

Erste Ideen zur Veränderung:

- Morgenkreis (montags) und Stuhlkreis (freitags) rahmen die Woche ein, d.h. Stuhlkreise werden insgesamt reduziert und durch andere Sozialformen ersetzt.

- Der fest eingeplante Turntag kann verändert werden.
  Die Kolleginnen und Kollegen der Gruppen können auf den Raum zurückgreifen und frei entscheiden, welche Lernprozesse sie umsetzen.

- Weitere gruppenübergreifende Räume können individuell genutzt werden (Planungsbedarf).

Diese Liste würde in einem Team fortgeführt werden.

Phasen der Selbstbestimmung und Fremdbestimmung eines [Vorschul]Kindes, das 9 Stunden in unserer Einrichtung ist:

	Montag	Dienstag	Mittwoch	Donnerstag	Freitag
7:30	Frühgruppe				
8:00	Freispiel				
8:45	Sprachprogramm				
9:00	Projekte (z.B. Waldtage; Zahlenland…) beispielsweise 3 Tage am Stück oder Teile des Vormittags				
9:30	gezielte Aktivität in der Gruppe	gezielte Aktivität in der Gruppe	gezielte Aktivität in der Gruppe	gezielte Aktivität in der Gruppe	gezielte Aktivität in der Gruppe
10:00		teilweise Spaziergänge etc.	Turnen ein Tag pro Gruppe		
10:30	Vorschulmappe jedes Kind wählt den Zeitpunkt selbst				
10:45	Sprachförderung für bestimmte Kinder		Sprachförderung für bestimmte Kinder		
11:30	Raus gehen in den Hof				
12:15	Mittagessen in Kleingruppen von max. 16 Kindern bzw. Abholen				
12:45	Mittagsruhe in Kleingruppen von max. 16 Kindern				
13:45	Freispiel				
15:00	Raus gehen in den Hof				
16:30	ABHOLEN				

(Linke Spalte: **Freispiel mit parallelen Angeboten**)

Die Gegenüberstellung der beiden Pläne zeigt, wie unterschiedlich der Lernalltag von Kindern in Deutschland gestaltet wird. An dieser Stelle geht es nicht um die Entscheidung, welche Planungsform richtig oder falsch ist. Eine andere Frage ist entscheidend: Bieten wir den Kinder das, was sie brauchen?

Je nach Antwort, die ein Team findet, werden mehr oder weniger intensive Bemühungen notwendig, den Planungsrhythmus zu verändern.

Im Team bieten sich zwei Schritte an:

- Die Struktur der Planung wird weiterentwickelt.
- Die Inhalte werden konzeptionell festgehalten.

Entscheidungen: Veränderungen werden besprochen und dann erprobt.

Verständigung: Konzeptionstexte machen anschaulich, worauf es Fachleuten ankommt.

7:00 Uhr	Öffnungszeit Ganztagesbetreuung (GT) alle ankommenden Kinder treffen sich täglich in der roten Gruppe
7:30 Uhr	Öffnungszeit für verlängerte Öffnungszeit (VÖ)
8:30 Uhr	Öffnungszeit für Regelkindergarten (RG) Kinder gehen mit ihren jeweilgen Erzieher/-innen in ihre Stammgruppen Ankommen der Kinder Freispiel, freies Frühstück
9:00 Uhr	täglich für die Schulanfänger: Würzburger Trainingsprogramm (WT) 1x monatlich Besuch der KOOP-Lehrerin aus der Schule
9:30 Uhr	Beginn der „Kernzeit" Freispiel, Öffnen der Funktionsräume gruppenübergreifende Projektarbeit gezielte Angebote und Beschäftigung in der Gruppe mehrmals wöchentlich Bewegungsbaustelle mittwochs – von September bis März – Schwimmbad mit den Schulanfängern freitags Schulanfängerangebot
11:00 – 11:30 Uhr	Aufräumen anschließend Stuhlkreis und/oder in den Garten gehen
11:50 Uhr	Sammeln der Kinder zum Mittagessen Toilettengang, Hände waschen
12:00 Uhr	Mittagessen der Kinder (Tagesstätte)
12:15 Uhr	Beginn Abholzeit
12:30 – 13:30 Uhr	Mittagessen der Schulkinder
ca. 12:45 Uhr	Mittagsruhe für die GT-Kinder bis fünf Jahre
12:45 Uhr	Regelkinder müssen spätestens jetzt abgeholt sein
13:30 Uhr	späteste Abholzeit der VÖ-Kinder Hausaufgabenbetreuung der Schulkinder die ersten Kinder kommen aus der Mittagsruhe zurück
14:00 Uhr	Von Montag bis Donnerstag können die RG-Kinder wieder gebracht werden alle Kinder sind in der Sonnengruppe oder im Garten Freispiel, Funktionsräume, Bastelarbeiten, Webrahmen usw.
16:30 Uhr	späteste Abholzeit der RG-Kinder
17:00 Uhr	späteste Abholzeit der GT-Kinder

Ein Konzeptionstext zur Tagesgestaltung – aus der Sicht eines Kindes

Ein Konzeptionstext kann auch aus der Sicht eines Kindes geschrieben sein.

Ein Tag, wie ihn die sechsjährige Dunja erlebt

Ich heiße Dunja und bin sechs Jahre alt. Ich bin eine Schulanfängerin und gehe den ganzen Tag ins Kinderhaus. Meine Mama bringt mich schon ganz früh, weil sie selbst auch gleich zur Arbeit geht. In der Sternengruppe warten zwei Erzieherinnen auf mich und fragen mich, was ich gerne machen möchte. Nach und nach kommen noch andere Kinder und Erzieherinnen. Jetzt kommt endlich auch Raphaella und wir spielen auf dem großen Bauteppich, dass wir Hunde wären.

Schnell geht die Zeit rum und die Erzieherinnen rufen die Kinder in ihre eigene Gruppe. Ich gehe in meine Sonnengruppe. Wir setzen uns zum Morgenkreis, singen, beten und besprechen mit den Erzieherinnen, was wir heute alles vorhaben.

Jetzt frühstücke ich erst einmal. Es gibt Früchtetee oder Mineralwasser, das steht den ganzen Tag auf dem Tisch.

Danach gehe ich zum Maltisch. Ich male eine Prinzessin. Das Bild schenke ich heute Abend meiner Mama.

Unsere Erzieherin gibt uns jetzt Bescheid, dass es Schilderzeit ist, damit meint sie, dass die Funktionsräume geöffnet sind. Ich hole mir schnell ein Schild für das Ballbad. Immer vier Kinder dürfen zusammen in einem Funktionsraum spielen.

Die Zeit geht schnell vorbei und schon beginnen wir mit dem Aufräumen. Danach wird in meiner Gruppe ein Stuhlkreis gestellt.

Kurz vor 12:00 Uhr werde ich zum Mittagessen gerufen. Vor dem Essen beten wir, manchmal singen wir auch ein Tischgebet.

Nach dem Essen gehen die jüngeren Kinder in den Ruheraum, um ein Mittagsschläfchen zu halten oder sich einfach ein bisschen auszuruhen. Sie bekommen dabei eine Geschichte vorgelesen und hören leise Musik. Weil ich ja schon zu den Großen gehöre, muss ich nicht mehr schlafen, deswegen gehe ich wieder in die Sonnengruppe.

Erst spiele ich mit der Erzieherin und zwei anderen Kindern ein paar Tischspiele, dann gehe ich mit meiner Freundin zusammen in das „Lesezimmer". Wir machen es uns auf dem Sofa gemütlich und hören eine Kassette.

Inzwischen haben die Kleinen ausgeschlafen und die Schüler sind mit den Hausaufgaben fertig. Jetzt gehen wir raus in den Garten. Als ich abgeholt werde, sind wir nur noch zu dritt. Die beiden anderen Kinder werden bestimmt auch gleich abgeholt, weil das Kinderhaus zumacht.

Ich freue mich jetzt auf zu Hause, aber ich bin auch schon gespannt auf morgen!

Tschüüüs!

4.2 Planungsansätze (er)finden

> **Haben Sie schon gelesen? Zwei Mütter unterhalten sich**
>
> „Haben Sie schon gelesen? Beachparty am 19. Februar. Was soll das sein? Beachparty mitten im Winter, die sollen den Kindern lieber etwas Gescheites beibringen." „Aber das ist doch die Faschingswoche, da kann man schon ein bisschen verrückt sein. Da lassen sich die Erzieherinnen und die Kinder immer etwas Besonderes einfallen."
>
> Einige Wochen später, die gleichen Frauen:
> „War das toll, so ein schönes Fest, so schöne Dekoration, und überall haben die Kinder mitgeholfen. Mein Sohn war ganz begeistert, er hat sogar etwas ausgeschnitten." „Ja, toll. Ich habe mir den Mehrzweckraum auch angesehen. Es gab wirklich alles, Palmen, Sand, sogar Kinder im Badeanzug. Das war eine richtig tolle Aktion. Ich bin gespannt, was es nächstes Jahr gibt." „Ja, ja, da möchte man gerne selbst noch mal Kind sein."

Impuls

Eltern können pädagogische Beweggründe nicht immer auf Anhieb erkennen. Das Verständnis für die Vielfalt von Lernwegen und für die Kreativität lernender Menschen wächst erst allmählich.

Neben den Alltagsüberlegungen achten viele Kindertagesstättenteams darauf, dass ihre pädagogischen Methoden zu den Bedürfnissen und Interessen der Kinder passen. Organisatorische Überlegungen und fachliche Haltungen erweitern sich zu einem hauseigenen Planungsrahmen.

Der Planungsrahmen

Der Sächsische Bildungsplan regt an, Bildung ganz neu zu denken und damit die pädagogische Praxis im Team zu überdenken.

> *Bildung neu denken*
>
> *Sich selbst bilden braucht begünstigende Bedingungen und muss vielfältige Unterstützung erfahren (zum Beispiel durch anregende Lernumgebungen und geeignete Lernarrangements, in denen Materialien frei zugänglich sind und die Anderen als Interaktionspartner geschätzt werden). Lernen muss einen persönlichen und damit biographischen Sinn ergeben und das für alle: für Säuglinge und Kleinkinder bis hin zu Erwachsenen. Zudem müssen in Bildungsprozessen „Handeln, Empfinden, Fühlen, Denken, Werte, sozialer Austausch, subjektiver und objektiver Sinn miteinander in Einklang gebracht werden (…)" (Schäfer 2003, S. 15). Selbst- und Weltbilder werden in Bildungsprozessen zu einem spannungsvollen Gesamtbild verknüpft. Dabei geht es nicht um eine „richtige" oder „falsche" Beschreibung von Phänomenen aus der die Kinder umgebenden Welt, sondern um eine Beschreibung mit Begriffen aus ihrem eigenen Erfahrungshintergrund. Diese Prozesse sind notwendig, da Kinder so animiert werden, neue Fragen zu stellen und im Austausch mit anderen neue Erfahrungen und Sichtweisen zu erleben und auszubilden. Kinder lernen, ihr bisheriges Können zu nutzen, es zu verändern und zu erweitern.*
> *Quelle: Sächsisches Staatsministerium für Soziales (Hrsg.): Der Sächsische Bildungsplan, 2007, S. 11*

Ideen:
Der Bildungsplan wird konkretisiert.

Zu welchen Arbeitsstilen ein Team im pädagogischen Handeln neigt, hängt von der Situation der Kindertagesstätte, den Einstellungen der Fachleute und deren Lebenserfahrungen, auch vom Alter, der Ausbildung und von den Kindern, die die Einrichtung besuchen, ab. Es lassen sich sicherlich noch weitere Faktoren benennen, die den Planungsrhythmus beeinflussen, wesentlicher scheint jedoch die Frage nach der konkreten Umsetzung, das heißt nach der alltäglichen Arbeit, die mit den Kindern geleistet wird.

Interessieren sich die Erwachsenen selbst für ein Thema und sind sie motiviert, es mit den Kindern anzugehen? Gibt es Themen und Inhalte, deren wir überdrüssig geworden sind, weil sie jedes Jahr wiederkehren? Bevor sich Resignation einstellt, ist es angebracht, eine didaktische Reflexion anzugehen.

Jeder Impuls, der einem Kind gegeben wird, jede pädagogische Lernform mit Kindern sollte in ihren Grundformen durchdacht sein und der Überzeugung des Teams entspringen. Eine jahreszeitlich orientierte Planung ist zwar nicht schlecht, grenzt die methodischen Möglichkeiten aber leicht ein. Die Entwicklung der Planungsform ist ein interaktiver Prozess zwischen den pädagogischen Fachleuten im Team, den Kindern, den Eltern und gegebenenfalls Fachleuten von außen.

Der Vergleich verschiedener Methoden bringt eine Entscheidungshilfe.

Diese Methode passt zu uns

Impulse: Fachkonzepte bieten Anregungen.

	AG	WORKSHOP	PROJEKT^{offen}
Ausgangspunkt	Ideen, die Erwachsene auswählen	Ideen, die Erwachsene auswählen (ggf. gemeinsam mit Kindern)	Ideen, die Kinder und Erwachsene gemeinsam auswählen
Zeitrahmen	wöchentlich ein Tag	mehrere Tage (drei bis fünf) am Stück	mehrere Tage bis Wochen
Inhalte	Inhalte werden vorab von Erwachsenen strukturiert	Inhalte werden vorab strukturiert oder mit der Lerngruppe entwickelt	Inhalte werden gemeinsam strukturiert und mit der Lerngruppe entwickelt
Entscheidungen	Kinder entscheiden sich für ein Angebot	Kinder entscheiden sich für ein Thema bzw. einen Inhalt	Kinder entscheiden sich für einen Inhalt
Lernprozess	Der Lernprozess wird gesteuert	Der Lernprozess wird gelenkt (Zeitrahmen) und von den Kindern mitbestimmt	Der Lernprozess wird gemeinsam geplant und umgesetzt
Lernergebnis	Die Lernergebnisse werden für die einzelnen Kinder festgelegt	Die Lernergebnisse werden für die einzelnen Kinder festgelegt	Die Ergebnisse werden gemeinsam reflektiert
Lernmotivation	Die Motivation ergibt sich aus dem Inhalt und der Vorbereitung der Erzieherin	Die Motivation ergibt sich aus dem Inhalt und der Dynamik im Lernprozess	Die Motivation ergibt sich aus dem Inhalt und dem Interesse aller Beteiligten
Rolle der Erzieherin	Anleitung, Animation, Motivation und Motor	Anleitung, Motivation, Moderation, Partnerin	Lernpartnerin, Moderation, Mitlernende

Nur ein überzeugter Erwachsener kann einem Kind glaubhaft Inhalte vermitteln beziehungsweise mit ihm erarbeiten. Jede Erzieherin und jeder Erzieher hat besondere Vorlieben, Begabungen und Vorstellungen davon, was richtige Lernformen sind und welche Formen weniger Beachtung verdienen. Ein wesentlicher Vorteil des Alltags in einer Kindertagesstätte ist es, dass sich verschiedene Erzieherinnen und Erzieher gegenseitig ergänzen und somit, zumindest theoretisch, das breite Feld der denkbaren Lern- und Erziehungsformen abdecken können. Im Mittelpunkt steht immer das Kind, wobei es nicht relevant ist, ob es um alltägliche pädagogische Aufgaben geht, beispielsweise um die Gestaltung eines gemeinsamen Frühstücks oder um spezielle fördernde Maßnahmen.

Nachdem das Team im eigenen Alltag nachgeschaut hat, wie der Anspruch des Bildungsplans: „Sich selbst bilden braucht begünstigende Bedingungen" umgesetzt wird und daraufhin Fachimpulse zur Planungsform diskutierte, wird nun gemeinsam eine Grundidee konkretisiert: „Wir beteiligen Kinder an der Planung."

Entwicklungen: Aus Motiven des Bildungsplans werden eigene Standards.

Der folgende Qualitätsbereich „Beteiligung beziehungsweise Partizipation von Kindern" ist das erste Beispiel für die Ausformulierung von Standards, Empfehlungen und Checklisten, wie sie von einem Team entwickelt und vereinbart werden können:

Standards: Partizipation von Kindern

I. Standards

GRUNDSÄTZLICHES	trifft zu		trifft nicht zu	
Eine Erzieherin ermöglicht es jedem Kind, seine Bedürfnisse zu äußern.	☐	☐	☐	☐
Konkret heißt das, dass nonverbale Methoden zur Unterstützung der Artikulation von Bedürfnissen eingesetzt werden …	☐	☐	☐	☐
…und regelmäßige Gesprächskreise stattfinden.	☐	☐	☐	☐
Regeln werden regelmäßig mit den Kindern thematisiert, d.h. neu entwickelt, erklärt und reflektiert.	☐	☐	☐	☐
Die Erzieherin gibt einzelnen Kindern bei Bedarf Entscheidungshilfe, ohne zu manipulieren.	☐	☐	☐	☐
PLANUNG				
Jede Erzieherin kennt situations- und entwicklungsangemessene **Beteiligungsverfahren und -formen** und setzt diese kontinuierlich ein.	☐	☐	☐	
Eine Erzieherin greift **Ideen und Vorschläge von Kindern** auf und bindet diese **ernsthaft** in den **Planungsprozess** mit ein.	☐	☐	☐	

Es werden regelmäßig geeignete Gelegenheiten geschaffen, die ein Abfragen der Interessen der Kinder ermöglichen. Die Ergebnisse werden ausgewertet und umgesetzt. ☐ ☐ ☐ ☐

Im Team sind die Bereiche festgelegt, in denen Kinder tatsächlich mitbestimmen können. ☐ ☐ ☐ ☐

Das Team legt eine entsprechende Sammlung konkreter Bereiche der Mitbestimmung an und aktualisiert diese Sammlung regelmäßig. ☐ ☐ ☐ ☐

Folgende Praxis ist denkbar:

Beteiligungsverfahren und -formen
- Uns ist zunächst wichtig, verschiedene Methoden zu erproben.
- Weitere Ideen kennenzulernen wäre nicht schlecht.
- Bis zu welcher Gruppengröße können sich einzelne Kinder noch aktiv beteiligen? Ist beispielsweise auch eine „Kinderkonferenz" mit den Kindern aller Gruppen (etwa neunzig Kinder) sinnvoll?

Vorschläge von Kindern ernsthaft einbinden
- Wir erproben derzeit, wie die Vorschläge entstehen. Die Kinder und wir lernen allmählich mit diesen Situationen umzugehen.
  Beispiel: Fasching
  Die Kinder haben erstmals ohne unsere Vorgabe gemeinsam entschieden, was alles gemacht werden soll.
- **Wir haben die Erfahrung gemacht, dass es mehrere Schritte braucht, bis die Kinder auf Ideen kommen.**
  → Wir müssen aushalten, wenn nicht die Ideen kommen, die wir gerne hätten!
  → Unsere Vorstellung, wie mit der Zeit umgegangen werden muss, wird von den Kindern offensichtlich nicht geteilt.
  Die Kinder können (mit unserer Unterstützung) selbst erkennen, was längerfristig und was kurzfristig geplant und/oder umgesetzt werden muss.
- Die Stärken der einzelnen Kinder und ihre Position in der Gruppe werden sichtbar.

Fazit: Es ist völlig in Ordnung, Kindern angemessene Vorgaben zu machen.

II. Empfehlungen

Voraussetzungen dafür, dass sich Kinder beteiligen können	trifft zu			trifft nicht zu
Das Handeln der Erzieherin ist dazu geeignet, die Kinder selbstsicherer werden zu lassen.	☐	☐	☐	☐
Das Handeln der Erzieherin ist dazu geeignet, die Kinder offener werden zu lassen.	☐	☐	☐	☐
Das Handeln der Erzieherin ist dazu geeignet, die Kinder mündig werden zu lassen.	☐	☐	☐	☐
Das Handeln der Erzieherin ist dazu geeignet, das positive Denken der Kinder zu fördern – Gebote kommen vor Verboten.	☐	☐	☐	☐

Die Erzieherin strebt an, dass das Kind eine Aufgabenstellung nachvollziehen kann. ☐ ☐ ☐ ☐

Die Erzieherin strebt an, dass das Kind einen Entscheidungsweg nachvollziehen kann. ☐ ☐ ☐ ☐

Im Verhältnis zwischen Erzieherin und Kind zählen Argumente und nicht die formale Autorität der Erzieherin. ☐ ☐ ☐ ☐

Gestaltung der Beteiligung

	trifft zu			trifft nicht zu
Die Erzieherin entwickelt einen demokratischen Lebensstil in der Einrichtung und fördert die Mitwirkung der Kinder.	☐	☐	☐	☐
Die Erzieherin ermöglicht es den Kindern und fordert von ihnen, einen Beitrag für die Gemeinschaft zu leisten.	☐	☐	☐	☐
Die Erzieherin trägt Entscheidungen der Kinder mit und unterstützt sie darin, ihre Vorhaben zu realisieren.	☐	☐	☐	☐
Die Erzieherin bespricht mit Kindern, wie sie ihre Mitwirkung und Beteiligung erleben.	☐	☐	☐	☐
Die Erzieherin verdeutlicht Kindern geduldig die Konsequenzen bei der Nichterfüllung von Aufgaben.	☐	☐	☐	☐

Folgende Praxis ist denkbar:

III. Checkliste

☐ Verhalten wir uns den Anregungen, Ideen und Impulsen der Kinder gegenüber offen?

☐ Beziehen wir Kinder in Überlegungen zu längerfristigen Vorhaben und Projekten ein und ermutigen sie, eigene Ideen und Vorschläge einzubringen?

☐ Wird die Beteiligung so gestaltet, dass Kinder ihren Anteil am Prozess und an den Ergebnissen erkennen können?

☐ Werden Planungsprozesse gemeinsam mit Kindern dokumentiert und so transparent gemacht?

☐ Werden den Kindern Informationen zu alltäglichen und besonderen Ereignissen in verständlicher Form zugänglich gemacht?

☐ Ermutigen wir die Kinder, Fragen zu stellen und unterstützen wir sie bei der Suche nach Antworten?

☐ Lernen die Kinder während der Kindergartenzeit verschiedene Entscheidungsformen kennen – Mehrheitsentscheidung, Konsens, Individualentscheidung?

☐ Lassen wir einzelnen Kindern angemessen Zeit für ihre Entscheidung?

☐ Ist das Verhältnis von Erzieherinnen und Kindern prinzipiell gleichwertig und gleichberechtigt?

Folgende Praxis ist denkbar:

Beispiele für Lernprozesse (Partizipation/Offenheit/Situationsorientierung)

Das Material ist an der Stelle „I. Standards, Folgende Praxis ist denkbar" beispielhaft ausgefüllt (siehe Seite 52), um zu zeigen, welche Gedanken bei einzelnen Qualitätskriterien in einem Team auftauchen können.

Ein Konzeptionstext zur Projektarbeit

Die Kinder erleben in unserem Haus verschiedene Projektformen. Ein Projekt orientiert sich zeitlich an den Inhalten, die sich aus aktuellen Ereignissen, aus dem Jahreskreis, aus den Bedürfnissen und aus den Wünschen der Kinder ergeben.

Die Kinder wachsen in das Thema hinein und das Projekt kann Kreise ziehen: sie tragen ihre Ideen mit nach Hause und bringen mit, was zu dem Inhalt passt – Bücher, Kassetten, Moos für den Barfußweg usw.

Die grobe Planung der Projekte steht zu Beginn fest. Im Projektverlauf reagieren wir auf Bedürfnisse und Ideen der Kinder und entwickeln die Inhalte weiter.

Wir gestalten Projekte mit allen Kindern einer Gruppe.

Alle Kinder setzen sich mit denselben Inhalten auseinander. Hier ergeben sich automatisch altersgemischte Lernsituationen. Die „Kleinen" lernen von den „Großen" und erleben sich als Teil einer Gemeinschaft.

Wir gestalten auch Projekte, in denen sich Kinder aller Gruppen mischen.

Jedes Kind entscheidet zunächst, an welchem Projekt es teilnimmt. Die Kinder treffen sich gruppenübergreifend in Projektgruppen, die den Inhalt Schritt für Schritt erarbeiten.

In der Regel sammeln sich hier Kinder, die sich besonders für das Thema interessieren. Die Zweijährigen bleiben meist bei ihrer Bezugserzieherin und nehmen damit an deren Projekt teil.

Durch Projekte lernen Kinder unserer Erfahrung nach sehr aktiv und bewusst.

Die Lernsituationen sind so nah an den Kindern, dass sie die Inhalte nahezu mitleben. Eltern machen die Erfahrung, dass ihre Kinder in der Familie von ihrem Wissen berichten, Fragen stellen und die Eltern motivieren nachzuschauen, Material zu organisieren und sich selbst zu engagieren.

Der Projektverlauf wird in den Mappen der Kinder dokumentiert. An der Pinnwand gibt es Elterninformationen über den Inhalt der Projekte. Fotos, die Bilder der Kinder und die Räume geben einen Eindruck davon, was die Kinder erarbeitet haben.

Zur Abrundung der Projekte präsentiert sich jede Projektgruppe in der großen Runde. Alle Kinder und Erzieherinnen kommen zusammen und bestaunen die Arbeit der Projektgruppen und teilen die Begeisterung.

Das Team reflektiert die Projekte mit einer Sammlung der Inhalte, den pädagogischen Zielen und Vorschlägen zur Weiterentwicklung.

Verständigung: Eigene Konzeptionselemente sind die „Übersetzung" des Bildungsplans.

4.3 Lerngelegenheiten schaffen

Impuls

Ein Ergebnis sagt nicht alles

In der Kindertagesstätte, die ich während meines Praktikums im zweiten Ausbildungsjahr erlebt hatte, mussten die Erzieherinnen sehr sparen. Schon beim Vorstellungsgespräch hat mir die Leiterin erzählt, dass das Geld für Material knapp ist und die Kinder beispielsweise nur zu besonderen Anlässen auf dem teuren Papier malen können. Zu diesem Zeitpunkt hatte ich mir nichts weiter dabei gedacht, immerhin war ich als Berufsschülerin auch immer knapp bei Kasse, also alles in Ordnung so weit.

In der zweiten Woche meines Blockpraktikums ist es dann aber passiert. Während des Freispiels hielt ich mich im Nebenzimmer auf, das als Malatelier gestaltet war. Es gab frei zugängliche Stifte, Fingerfarben, Wasserfarben und einseitig bedrucktes Computerpapier. Eines der jüngsten Kinder, ein zierliches, zurückhaltendes Mädchen, saß an einem der Maltische und vor ihm lag ein großes, ein viel zu großes Blatt vom guten weißen Zeichenkarton. Ich habe keine Ahnung, wie sie da drangekommen war. Neben dem Blatt standen vier Schälchen mit Fingerfarben. Eines der kleinen Fingerchen versank in einer der Schalen, tauchte wieder auf und sank andächtig auf das große weiße Feld. Die Augen strahlten, das weiß ich noch wie heute. Vielleicht habe ich aus diesem Grund stillgehalten. Es war sowieso zu spät, das Blatt war ruiniert. Was sollte so ein junges Kind schon Sinnvolles auf ein derart großes Blatt Papier bringen? Zum Glück kam keine der Kolleginnen herein. Abwarten! Was geschieht weiter?

Sobald eine Farbe über die gesamte Fläche, mit vielen winzigen Fingerabdrücken, verteilt war, reinigte das Kind seine Hand und widmete sich dann der nächsten Farbe. In meiner Erinnerung dauerte der Prozess sehr lange. Länger, als ich mit meinem Schulwissen über die Fähigkeiten Dreijähriger für möglich gehalten hatte.

Stellen Sie sich vor, wie ein lebendiges, farbenfrohes Kunstwerk entstanden war. Es war für mich nicht mehr relevant, dass das gute, teure Papier benutzt wurde. Im Gegenteil, ich konnte allen zeigen, wie sinnvoll es eingesetzt worden war. Doch dann geschah es: Die erste Hand griff nach einem großen Pinsel. Die zweite Hand packte einen kleinen Schwamm und voll Genuss strich und rieb dieser in sich ruhende Mensch kreuz und quer über das Papier. Es entstand ein graublaurotgrünbraunes Pampebild, das in etwa meinem spontanen Gefühl entsprach. Ich bin sicher, dass mein Gesicht das Entsetzen spiegelte, während dieses glückliche, ja stolze Kindergesicht das genaue Gegenteil zeigte.

Kinder vertiefen sich in ihre Tätigkeit und das ist grandios!

> Ich half dem Kind dabei, das Blatt auf den Trockenständer zu legen und erzählte den Kolleginnen, was ich erlebt hatte. Neben einem Schmunzeln bekam ich viele aufmunternde Worte zu hören, so etwas wie: „Der Weg ist das Ziel!"

Qualifizierter Umgang mit den Kindern

Der Bayerische Bildungs- und Erziehungsplan formuliert als erster deutscher Bildungsplan für Kindertageseinrichtungen eine Einleitung zur Theorie Lernmethodischer Kompetenz, mit der sich ein Team auseinandersetzen kann:

> *Lernmethodische Kompetenz: Lernen, wie man lernt*
> *Zu den zentralen Aufgaben des Bildungswesens zählt die Vermittlung von Kompetenzen zur Erschließung und Aneignung von Wissen – Kernkompetenzen, die zur Nutzung verfügbarer Informationen qualifizieren. So sind ein Repertoire an Vorwissen und lernmethodische Kompetenzen unerlässlich für eine Aktualisierung des Wissens und das Ausfiltern des Unwichtigen oder Überflüssigen. Aktuelles Wissen ist nur in einem Prozess des lebenslangen Lernens zu erwerben. Ziel ist es deshalb, den Kindern Kompetenzen des Wissenserwerbs zu vermitteln, die zu lebenslangem Lernen befähigen.*
> Quelle: Bayerisches Staatsministerium für Arbeit und Sozialordnung, Familie und Frauen/Staatsinstitut für Frühpädagogik (Hrsg.): Der Bayerische Bildungs- und Erziehungsplan für Kinder in Tageseinrichtungen bis zur Einschulung, 2003, S. 40

Ideen:
Der gesellschaftliche Trend heißt Partnerschaftlichkeit.

Erzieherinnen und Erzieher befinden sich nicht in einem gesellschaftlichen Vakuum, auch wenn sie meist nicht unmittelbar an die Öffentlichkeit treten. Sie werden deshalb meistens an der gesellschaftlichen Realität orientierte Erziehungsstile vertreten und praktizieren. Augenblicklich herrscht der partnerschaftliche, also vor allem kindorientierte Erziehungsstil vor. Dies bedeutet nicht, dass Kinder einfach sich selbst überlassen werden und auch nicht, dass sie sich selbst erziehen sollen. Wo es notwendig wird, greifen Erzieherinnen und Erzieher ein und setzen Grenzen. Neben einem gefestigten Erziehungsstil tragen die positiven Beziehungen zwischen dem Erwachsenen und dem Kind und zwischen allen anderen Mitgliedern der Gruppe wesentlich zu dem spezifischen pädagogischen Gefüge in Kindergartengruppen bei. Das Schaffen von harmonischen Gruppenbeziehungen allein genügt jedoch nicht, um qualitativ hochwertige Bildungsarbeit zu leisten. Den Erwachsenen sollte ihre Rolle in der pädagogischen Interaktion klar sein und sie müssen die Fähigkeit besitzen, gleichermaßen an dem Geschehen teilzunehmen und als externer Beobachter so sachlich wie möglich Situationen zu beurteilen. Kinder ahmen das Verhalten von Erzieherinnen und Erziehern nach. Das sichtbare Verhalten, die Persönlichkeitszüge, soziale Grundeinstellungen und emotionale Muster der erwachsenen Vorbilder werden imitiert. Bevorzugt werden jene Muster übernommen, die sowohl bei Erwachsenen als auch bei Kindern durch Aufmerksamkeit und Erfolg belohnt werden.

Jede pädagogische Tätigkeit birgt eine gewisse Verantwortung für das, was aus dem erzieherischen Tun hervorgeht. Erwachsene haben nicht alle Ursachen und Folgen ihres Handelns in der Hand und sind auch nicht verantwortlich für das, was nicht beeinflussbar ist. Andererseits stehen sie aber für alles gerade, was sich in ihrem Einflussbereich befindet. Aufgrund dieser Verantwortlichkeit muss sich eine Erzieherin über ihre Rolle und Position im Klaren sein. In der lernenden Auseinandersetzung mit der Umwelt ist die Sprache ein wesentliches Moment der Kommunikation und somit ein wesentlicher Baustein des qualifizierten Erzieherverhaltens. Wie oft sind Aussagen von Erzieher/-innen Befehle, Anforderungen, Zurechtweisungen oder Ausdruck des eigenen Ärgers? „Komm dort herunter!" „Räume die Spielsachen auf!" „Wenn du Jana nicht in Ruhe lässt, kommst du hier neben mich!" „Jetzt macht doch nicht so einen Krach, ihr seid unmöglich!"

Impulse:
Die Bildungsforschung rät zum Überdenken der Erwachsenenrolle.

Kinder als gleichberechtigte Gesprächspartner und selbstständig lernende und handelnde Personen zu akzeptieren ist leicht, diese Haltung in das eigene tägliche Verhalten aufzunehmen scheint in der Praxis aber nicht so einfach zu sein. Ein Ausgangspunkt der Veränderung des Erzieher/-innenverhaltens liegt in dem Geflecht der Beziehungen zu den Kindern. „Ich-Botschaften" und das „aktive Zuhören" nehmen durch systematische Qualitätsprozesse deutlich zu. Die veränderten Verhaltensweisen müssen nicht antrainiert werden, sondern entstehen durch eine veränderte Wahrnehmung von Personen und Beziehungen. Ein Team kann zunächst Rahmenbedingungen klären, die für eine gute Beziehung zwischen Erzieher/-in und Kindern nötig sind und die zudem Sicherheit und Ermutigung geben, die beide für die lernende Auseinandersetzung mit ihrer neuen Umwelt brauchen.

Merke:
Die Selbstreflexion im Alltag wird leichter, wenn sich das Team auf Inhalte geeinigt hat, die jede Kollegin und jeder Kollege anstreben möchte.

Ein saarländisches Team hat nach der Diskussion zum Lernalltag mit den Kindern, aus dem Saarländischen Bildungsprogramm heraus, Ziele interpretiert und diese Auslegungen für die Eltern in zwei Schritten formuliert:

Wir reflektieren uns: Bildungspläne werden interpretiert.

Ziele des Bildungsplans und unsere Interpretation

> *Die Bildungsziele sind formuliert als vier Basiskompetenzen, die Kinder während ihrer Zeit im Kindergarten erwerben. Dabei bedeutet Kompetenz mehr als Wissen, Fähigkeiten und Fertigkeiten. Es wird hier ein erweiterter Kompetenzbegriff zu Grunde gelegt, der auch Gefühle, Wille und Tatkraft umfasst.*
> Quelle: Saarland, Ministerium für Bildung, Kultur und Wissenschaft (Hrsg.): Bildungsprogramm für Saarländische Kindergärten, 2006, S. 14

- Wir sehen Kinder als Gesamtpersönlichkeiten. Ihre Stärken stehen im Vordergrund. Dabei sehen wir natürlich auch, wo sich ein Kind entwickeln kann oder muss und unterstützen bzw. fördern es entsprechend.

- Kinder finden in uns Menschen, die ihnen zuhören und sich für ihr Leben interessieren.

- Kinder können sehr verschieden sein. Auf Unterschiede gehen wir ein und achten darauf, dass die Kinder sich wohl und angenommen fühlen.

Bildungsziel 1: Ich-Kompetenz

Vertrauen in die eigenen Kräfte entwickeln, sich selbst achten, neugierig und offen sein für neue Erfahrungen, Ideen entwickeln und Initiative ergreifen, positive Einstellung zu sich selbst, Selbstständigkeit, Selbstverantwortung, Lernbereitschaft, Durchsetzungsvermögen, Konfliktbewältigung, ...
Quelle: Saarland, Ministerium für Bildung, Kultur und Wissenschaft (Hrsg.): Bildungsprogramm für Saarländische Kindergärten, 2006, S. 14

- Jedes Kind bekommt die nötige Zeit, bei uns „anzukommen". Das bedeutet: Wir lassen Kinder beobachten und selbst entscheiden, wann sie sich in das Geschehen einklinken wollen.

- Wir bringen die Geduld auf, die es braucht abzuwarten, bis ein Kind eigene Schritte geht. Wenn Entwicklungsimpulse notwendig werden, geben wir sie.

- Selbst gewählte Ziele und Erfolgserlebnisse machen ein Kind nach und nach stärker. Kinder erweitern in unserem Alltag ihre Stärken und stecken ihre Grenzen immer weiter: „Ich bin stolz, es selbst geschafft zu haben!"

- Kinder brauchen zusätzlich Bestätigung. Wir sagen den Kindern ganz bewusst, wenn wir stolz darauf sind, dass ihnen etwas gelungen ist. Kinder müssen nicht alles gleich gut können – wichtig ist, dass sie Initiative ergreifen.

- Kinder bekommen Verantwortung. Ältere Kinder zeigen jüngeren, „wie etwas geht", bekommen Aufgaben und damit die Möglichkeit, sich auszuprobieren.

- Wir richten unseren Blick auf das, was ein Kind gut kann und ermuntern es im Gespräch, die eigenen Stärken zu erkennen. Die Kinder erleben, dass es gut ist, sich auseinanderzusetzen.

Bildungsziel 2: Sozial-Kompetenz

Anderen zuhören, sich einfühlen können, Normen akzeptieren und Regeln des Zusammenlebens vereinbaren und einhalten, Fähigkeit zur sprachlichen Verständigung aufbauen, sich über unterschiedliche Erwartungen verständigen, Konflikte aushandeln und Kompromisse schließen, sich zurücknehmen, Rücksichtnahme üben, sich am Gemeinschaftsleben beteiligen, helfen, solidarisch handeln, ...
Quelle: Saarland, Ministerium für Bildung, Kultur und Wissenschaft (Hrsg.): Bildungsprogramm für Saarländische Kindergärten, 2006, S. 14

- Vieles in unserem Alltag findet in kleineren oder größeren Gruppen statt. Einerseits erleben die Kinder immer wieder Gemeinschaft, andererseits finden sich so Menschen mit ähnlichen Interessen.

- In den (Lern-)Gruppen lernen die Kinder aufeinander zu hören und sich in andere einzufühlen. Sie nehmen z. B. beim Spiel im Stuhlkreis Rücksicht aufeinander. Wir leben als Erwachsene vor, wie wir uns den Umgang miteinander vorstellen.

- Die Haltung anderen Menschen gegenüber ist ein Wert, den wir nicht nur vorleben, sondern erfahrbar machen: sich gegenseitig trösten, mit anderen teilen oder sich über die Gefühle anderer Gedanken zu machen ist für uns und unsere Kinder selbstverständlich.

- Kinder machen sich Gedanken über die Situation anderer, z. B. versetzen sie sich in Menschen, die unter Umweltkatastrophen leiden oder die in Armut leben.
- Unsere Basis ist der christliche Glaube, den wir authentisch leben. Kinder reagieren positiv auf religiöse Inhalte und haben großes Interesse an Ritualen und Traditionen.

Bildungsziel 3: Sach-Kompetenz

Fähigkeit zur Abstraktion aufbauen, Begriffe bilden und ordnen, Sachverhalte differenziert wahrnehmen und beschreiben, eigene Gedanken sinnvoll, sprachlich treffend und grammatikalisch richtig ausdrücken, Gemeinsamkeiten und Unterschiede erkennen, Fähigkeit zum Problemlösen und zum Finden kreativer Lösungen entwickeln, …
Quelle: Saarland, Ministerium für Bildung, Kultur und Wissenschaft (Hrsg.): Bildungsprogramm für Saarländische Kindergärten, 2006, S. 14

- Unser Umfeld ist so anregungsreich, dass die Kinder ihre Neugier pflegen können: Es gibt Lupen, Sammelgläser, Stethoskop, Mikroskop, Experimentierbereiche usw.
- Die Natur wird beispielsweise bei Waldtagen erforscht: Der Wald wird mit allen Sinnen erlebt und parallel dazu gibt es Informationen zu Tieren, Pflanzen und ökologischen Zusammenhängen.
- Sprache ist ein Mittel zur Kommunikation, ein Werkzeug, mit dem ich mit anderen in Kontakt trete. Sprache ist auch ein Instrument, um die Welt zu „verstehen": Wir helfen den Kindern ihren Wortschatz zu erweitern, Begriffe für das zu finden, was sie ausdrücken wollen und sich eigene Gedanken zu machen.
- Kinder finden im Spiel unendlich viele Möglichkeiten, Räume und Material kreativ und fantasievoll einzusetzen. Es ist völlig in Ordnung, wenn aus Bausteinen „Gemüse" wird oder ein Tisch zur „Höhle". Im selben Prozess werden „Ordnung und System" wichtig: Die Kinder lernen, dass sie für die Ordnung im Raum mitverantwortlich sind.

Bildungsziel 4: Lern-Kompetenz

Lust am Lernen empfinden und erkennen, dass Anstrengung zum Erfolg führt, Wissbegier, Neugier wecken, Interessen finden und fördern, eigene Stärken entdecken, Schwächen erkennen und Fortschritte erzielen wollen, kooperieren und arbeitsteilig an einer Sache arbeiten, …
Quelle: Saarland, Ministerium für Bildung, Kultur und Wissenschaft (Hrsg.): Bildungsprogramm für Saarländische Kindergärten, 2006, S. 14

- Der Begriff „lernen" wird mit Kindern aktiv geklärt. Wir sind mit ihnen im Gespräch darüber: „Das haben wir heute gelernt!" (= Wissen) und „Das haben wir heute erlebt!" (= Gefühl). Ein Beispiel: Die Kinder lernen, wie ein Kastanienbaum aussieht und erleben, wie es sich anfühlt in den Blättern zu wühlen.

- Kinder nehmen unsere Impulse an und lassen sich auf intensive Lernprozesse ein: In der Tanz-AG werden beispielsweise Schritte gelernt, Choreographien einstudiert und mit Lampenfieber „vorgeführt".

- In Rollen schlüpfen, sich verkleiden und „so tun als ob" ermöglicht den Kindern, auszuprobieren, was in ihnen steckt.

- Kinder haben vielfältige Möglichkeiten, etwas gemeinsam zu tun. Die Gruppen verändern sich, je nachdem wo die Kinder aktiv sind: Draußen entstehen andere Konstellationen als im Gruppenraum oder in den Spielnischen. Jedes Mal lassen sich die Kinder auf neue „Kooperationen" ein.

- Wir kooperieren mit anderen Erwachsenen. Eltern, ehemalige Eltern und Menschen mit besonderen Talenten holen wir in unser Haus, damit sie mit den Kindern aktiv werden.

Ein Konzeptionstext zu den pädagogischen Zielen, Interpretationen und den Ideen in der Praxis

Unser Ziel ist es, Stärken und Talente von jedem Kind zu finden und diese zu unterstützen. Alle Stärken sind gleichwertig.

Verständigung: Ziele werden konkreter und für Eltern mit Beispielen hinterlegt.

Ein Kind geht kreativ mit Farben um, kann jedoch nur einen Teil davon benennen. Wenn das so ist, dann ist unser Schwerpunkt für dieses Kind, ihm kreative Techniken zu vermitteln, zum Beispiel: Kleistertechnik, Farbenspirale, Murmeltechnik oder ähnliches, verschiedene Farbmischbilder, Technik mit verschiedenen Materialien wie Pinsel, Murmel, Schwamm usw.

Ein Kind erzählt fantasievolle, selbst erfundene Geschichten, es hat aber Schwierigkeiten bei der Wortwahl und der richtigen Satzstellung. Unser

Schwerpunkt bei diesem Kind ist es, Geschichten und Bilderbücher vorzulesen und es in Rollenspielen und Gesprächen verstärkt zum Erzählen anzuregen.
Ein Kind bemerkt, wenn ein anderes Kind am Esstisch sein Getränk verschüttet hat. Es holt sofort ein Tuch, um die Flüssigkeit aufzuwischen. Seine Stärken liegen in der Wahrnehmung seiner Umgebung.

Die Selbstständigkeit der Kinder ist uns ein großes Anliegen.
Wir lassen die Kinder erst einmal selbst ausprobieren und aktiv werden und unterstützen sie dann.

Zur Selbstständigkeit gehört bei uns, dass Kinder ihren Arbeitsplatz selbst einrichten.
Ein Kind deckt selbstständig seinen Frühstücksplatz mit Teller und Tasse, nach dem Essen spült es und räumt das Geschirr wieder weg.
Zu einem Rollenspiel benötigen Kinder eine Krone. Sie holen sich selbstständig die geeigneten Materialien: Papier, Stifte zum Auf- und Anmalen der Krone, Schere und Klebstoff. Ihren Arbeitsplatz räumen sie anschließend wieder auf.
Im Rahmen der besprochenen und festgelegten Regeln entscheiden die Kinder selbstständig wo, was und mit wem sie spielen.
Auf dem Bauteppich treffen sich einige Kinder und besprechen gemeinsam, was sie bauen möchten, wer welche Aufgaben übernimmt, welche Materialien sie zusätzlich zu den Bausteinen benötigen, und setzen dies gemeinsam um.
Ein Kind möchte alleine ein Bilderbuch anschauen, es zieht sich dazu in die Kuschelecke zurück.
Ein Kind möchte dem Gruppengeschehen zusehen und sich nicht aktiv beteiligen. Wenn das so ist, lassen wir dem Kind die Zeit, die es braucht, um auf andere zuzugehen.

4.3 Lerngelegenheiten schaffen

Wir bieten jedem Kind die Möglichkeit, seine persönlichen Grenzen zu erkennen und diese mitzuteilen.

Kinder ziehen sich bei uns ihrem Alter entsprechend alleine an und aus. Wir nehmen ihnen diese Arbeit bewusst nicht ab, sondern unterstützen sie dort, wo sie es brauchen.

An der Sprossenwand der Turnhalle und auf den Bäumen des Außengeländes haben die Kinder die Möglichkeit zu klettern. Sie entscheiden selbst, ob und wie hoch sie klettern.

Wir ermutigen jedes Kind, „Nein" zu sagen, wenn ihm die körperliche Nähe anderer unangenehm ist.

Beim Kreisspiel „Hänschen piep einmal" z. B. werden Kinder von anderen Kindern oder einer Erzieherin zum Mitspielen ausgewählt. Ein Kind sagt: „Nein, ich will nicht!" Diese Entscheidung wird von allen akzeptiert.

Jedes Kind ist ein Teil der Gemeinschaft.

Wir legen Wert darauf, dass Kinder und Erwachsene verlässliche Partner sind. Dazu gehört, dass übernommene Aufgaben begonnen und zu Ende geführt werden, auch dann, wenn man keine Lust dazu hat.

Der mit den Kindern besprochene und festgelegte Tischdienst wird zuverlässig ausgeführt.

Kinder entscheiden sich, an einem Angebot teilzunehmen und bleiben dann auch bis zum Schluss des Angebotes dabei.

Kinder erleben, dass sie ein Teil ihres Umfelds sind.

Es ist uns wichtig, dass Kinder mit unterschiedlichen Personen in Kontakt treten, seien es andere Kinder oder Erwachsene. Auf diesem Weg erleben die Kinder, dass sie ein Teil der Gemeinde und der Gesellschaft sind.

Aktive Senioren erleben mit den Kindern zusammen verschiedene Aktivitäten, z. B. gemeinsame Tänze, Wanderungen, Märchen, Vorlesen.

In manchen Projekten bietet es sich an, aus dem Haus zu gehen und die Menschen vor Ort zu erleben und ihnen zu begegnen, z. B. beim Einkaufen, beim Gottesdienst, auf Spaziergängen.

Im direkten Kontakt lernen die Kinder andere Menschen näher kennen und lernen, sie bewusst wahrzunehmen und respektvoll miteinander umzugehen.

Die Kinder lernen, Verantwortung für ihr eigenes Handeln zu übernehmen.

In unserem großen Haus gibt es viele verschiedene Spielmöglichkeiten. Unsere Kinder erleben früh, dass wir ihnen vertrauen, beispielsweise weil wir ihnen zutrauen, sich ohne die Aufsicht eines Erwachsenen in verschiedenen Spielbereichen aufzuhalten.

Kinder kennen die Regeln in unserem Haus und wissen, dass sie die Konsequenzen tragen müssen, wenn sie dagegen verstoßen.

Jedes Kind kann entscheiden, ob es an einer Aktivität teilnimmt oder nicht. Wenn eine Tanzvorführung geplant ist, müssen wir vorher üben. Wenn ein Kind dabei nicht mitmacht, kann es auch nicht an der Aufführung teilnehmen.

Weiterhin lernen die Kinder Verantwortung für andere zu übernehmen, vor allem auch für die Schwächeren in einer Gruppe.

Durch die Übernahme von Patenschaften unterstützen ältere Kinder jüngere dabei, sich in der Gruppe einzugewöhnen bzw. übernehmen durch verschiedene Dienste Verantwortung für die gesamte Gruppe.

Wir unterstützen die Kinder darin, ihre Konflikte zu benennen, auszuhandeln und gegebenenfalls Kompromisse zu finden.

Im Außengelände steht nur eine begrenzte Anzahl von Fahrrädern zur Verfügung. Die Kinder müssen die Reihenfolge des Fahrens untereinander aushandeln.

Drei Mädchen spielen fast immer zusammen, ein Kind wird von den beiden anderen aus dem Spiel ausgeschlossen. Wir suchen das Gespräch mit den Kindern.

Wir ermutigen die Kinder, die Umwelt als eine Quelle für vielfältige Erfahrungen zu nutzen.

Die Kinder haben die Möglichkeit, ihre direkte Umwelt zu erforschen.

Unser naturnahes Außengelände bietet die Möglichkeit der Beobachtung. Die Kinder erleben durch Wanderungen und Spiel den nahen Wald im Wechsel der Jahreszeiten.

Die Kinder lernen einen verantwortlichen Umgang mit unserer Schöpfung.

Wir achten auf verpackungsarmes Frühstück, trennen den darüber hinaus anfallenden Müll und gehen bewusst mit den unterschiedlichen Energien wie Wasser und Strom um.

Im regelmäßigen Rhythmus bereiten wir mit den Kindern ein gemeinsames Frühstück zu. Wir berücksichtigen bei der Zusammenstellung regionale und saisonale Produkte. Was beim gemeinsamen Frühstück übrig bleibt, wird aufbewahrt und in den nächsten Tagen noch einmal angeboten.

Unser Ziel ist es, Kindern religiöse Werte zu vermitteln. Darum spielt bei uns Religion eine große Rolle.

Rituale sind sehr wichtig für Kinder, sie geben ihnen Sicherheit und stärken das Selbstvertrauen. Durch unterschiedliche Rituale lernt das Kind, das nicht nur materielle Dinge, sondern auch Anerkennung und Zuneigung wichtig sind.

Zu unserem Kindergartenalltag gehören Rituale, beispielsweise der Morgenkreis, das tägliche Gebet, die Geburtstagsfeier usw.

Erzählungen der Bibel, Lieder und Gebete dienen als erste Grundlage religiöser Erfahrungen. Das Gleiche gilt für religiöse Feste im Jahreskreis, z. B. den Weg nach Bethlehem in der Adventszeit.

4.4 Räume und Freiräume

> **Tanzen, Springen und Radau** *Impuls*
> Auszug aus dem Teamprotokoll vom 16. März
>
> Im Thementeil wird die Frage diskutiert:
> Brauchen Kinder im Kindergarten Freiräume?
>
> Ergebnis der Diskussion:
> Ja, unsere Kinder brauchen Freiräume zur Persönlichkeitsentwicklung und zur Stärkung ihres Selbstbewusstseins. Wir trauen Kindern etwas zu, wir geben ihnen den Freiraum etwas alleine, ohne Erwachsene zu machen und gemeinsam an einer Sache zu arbeiten.
> Je nach Alter, Entwicklungsstand und Interesse treffen Kinder aus verschiedenen Gruppen zusammen.
> Überall, wo die Kinder alleine spielen, achten wir darauf, dass sie sicher sind. Durch die gruppenübergreifenden Begegnungen der Kinder, auch mit den Erzieherinnen, erfahren sie jede Erzieherin als Ansprechpartnerin bzw. als Spielpartnerin. Kinder und Erzieherin lernen sich gegenseitig kennen, es entsteht eine Vertrauensbasis.
>
> Übertragung auf die Praxis:
> Die Kinder erleben bei uns Freiräume:
> – nach Absprache gehen Kinder alleine in den Mehrzweckraum,
> – von jeder Gruppe spielen Kinder auf dem Flur,
> – von jeder Gruppe gehen zwei Kinder in den Spielhof,
> – wenn alle Kinder im Spielhof sind, ist eine Gruppe geöffnet und Kinder spielen darin,
> – die Kinder besuchen sich gegenseitig in den Gruppen und lernen sich bei verschiedenen Spielen, z. B. beim Rollenspiel in der Puppenwohnung, besser kennen,
> – oft entstehen gruppenübergreifende Freundschaften,
> – in den Gruppen werden verschiedene Aktivitäten bzw. Beschäftigungen angeboten, z. B. Basteln – Malen – Singen – Bilderbuch betrachten, und die Kinder entscheiden selbst, ob sie daran teilnehmen möchten.

Räume schaffen Gelegenheiten

Die Hamburger Bildungsempfehlungen benennen Qualitätsansprüche, die das Raumkonzept einer Kindertageseinrichtung prägen können.

> *Anregungsreiche Räume*
> *Eine durchdachte Raumgestaltung regt die Wahrnehmung der Kinder an: Räume in der Kita sollen Forschungs- und Experimentierfelder sein, in denen alle Sinne der Kinder angesprochen werden. Sie sollen ausreichende Bewegungsmöglichkeiten zulassen. Ein anregungsreicher Raum wird zu Recht oft als „dritter Erzieher" bezeichnet.*
>
> *Qualitätskriterien für Raumgestaltung und Materialauswahl*
> *Erzieherinnen entwickeln mit den Kindern Ideen zur Gestaltung der Räume und des Außengeländes, so dass sich alle damit identifizieren und wohl fühlen können.*

> *Sie achten darauf, dass die Räume spezifische Elemente der jeweiligen Region sowie unterschiedliche Kulturen und Traditionen widerspiegeln.*
> *Sie fördern das ästhetische Empfinden der Kinder durch die Raumgestaltung und Materialauswahl und ermöglichen Gegenerfahrungen zur Reizüberflutung und Konsumorientierung.*
> *Sie ermöglichen Kindern Erfahrungen in der Pflege von Pflanzen sowie für die artgerechte Haltung und Versorgung von Tieren.*
> *Sie erleichtern allen Kindern die Orientierung bei der Auswahl ihrer Tätigkeiten und Spiele durch Übersichtlichkeit und frei zugängliches Material.*
> *Sie gestalten Räume und wählen Material, so dass Kinder zum Experimentieren und Forschen, zum eigenständigen Ausprobieren und Gestalten angeregt werden.*
> *Sie ermöglichen Grunderfahrungen mit verschiedenen Materialien, den Umgang mit Werkzeugen und die Benutzung von Medien.*
> *Sie bieten den Kindern Gelegenheiten für vielseitige Bewegungserfahrungen.*
> *Sie gestalten das Außengelände mit Kindern zum Zweck vielseitiger Bewegung und Rückzug/Ruhe sowie zur Naturbegegnung.*
> *Quelle: Freie und Hansestadt Hamburg, Behörde für Soziales, Familie, Gesundheit und Verbraucherschutz – Abteilung Kindertagesbetreuung (Hrsg.): Hamburger Bildungsempfehlungen für die Bildung und Erziehung von Kindern in Tageseinrichtungen, 2005, S. 20*

Räume beeinflussen mich. Das ist eine Tatsache, die jeder Mensch an sich selbst überprüfen kann. Viel oder wenig Platz zu haben, Dinge zu finden, die anregend oder beruhigend sind, die gut tun und Atmosphäre schaffen, das alles beeinflusst Menschen stark.

Impulse: Räume verändern sich mit den pädagogischen Inhalten.

In Kindertageseinrichtungen spielt die qualitative Entwicklung der Räume, in denen sich ein Kind überwiegend aufhält, eine besondere Rolle. Dazu kommt die Frage, ob es Intensivräume gibt, in denen die Kinder beispielsweise in Ruhe forschen, bauen oder sich in kleinen Gruppen zurückziehen können. Bietet das Raumkonzept den Kindern vielfältige Möglichkeiten, sich frei zu bewegen oder in gezielten Lernprozessen Körpererfahrungen zu sammeln? Gibt es ein Kindercafé, in dem die Kinder aller Gruppen frei frühstücken, so schafft dies eine ganz eigene Atmosphäre im Haus. Jedes Kind könnte für sich entscheiden, wann es sich mit wem trifft, um zu essen und zu erzählen. Der Flur mit Kindergarderobe könnte als zusätzliche Freispielfläche dienen, mit Bauernhof, Lese- und Musikecke oder Feuerwehr, die zum Spiel außerhalb der Gruppenräume einladen.

Die Räume einer Kita ermöglichen den Kindern zahlreiche Lernerfahrungen. Die Bauecke ist mit Fahrzeugen, Bauklötzen, verschiedenen Konstruktions- und Naturmaterialien bestückt. Verschiedene Utensilien wie Farben, Papier, Scheren, Kleber, Karton, Wolle und vieles mehr sind beim Maltisch für die Kinder zur kreativen Beschäftigung vorhanden. Die kleinen Künstler haben außerdem die Möglichkeit, zu jeder Zeit an Staffeleien mit Wasserfarben frei zu malen.

Welche Raumelemente bereichern die Entfaltungsmöglichkeiten der Kinder? Regen Konstruktionsbereiche durch wechselnde Materialien das Denken an? Gibt es Rollenspielbereiche mit verschiedenen Utensilien für die Schauspielerinnen und Schauspieler, mit einer Verkleidungskiste, die in andere Welten führt?

4.4 Räume und Freiräume

Das Team sammelt konkrete Mindeststandards, die klar definieren, wie es den „Raum als dritten Erzieher" nutzt.

Wir reflektieren uns und treffen Entscheidungen: Oft verlaufen Qualitätsschritte parallel.

Weiterentwicklung der Praxis durch die Auseinandersetzung mit dem Bildungsplan	
Raumstandards	
Stichwort	inhaltliche Erläuterung
Raumaufteilung	
Funktionsbereiche	■ verschiedene Ecken oder Räume für verschiedene – Spielräume – Experimentierräume – Funktionsräume (Bewegung, Konstruktion, Rollenspiel, Kreativität, Sprache …) ■ …
Raumgestaltung	
Ausstellungsfläche in Augenhöhe der Kinder	■ Kinder gestalten Wände mit ihren Arbeiten ■ Transparenz für die Eltern ■ …
Wohlbefinden	■ kindgerechte, liebevolle Gestaltung ■ saubere Räume ■ warme Räume ■ …
Kinder im Raum	
Selbstständigkeitsbewusstsein	■ Zimmer verlassen dürfen ■ Flurnutzung ■ „klassisches Freispiel" ■ freies Frühstück in der Cafeteria ■ …
Rückzugsmöglichkeiten	■ Nischen, Abteilungen ■ Frühstückstisch im Gruppenraum und Cafeteria zur Auswahl ■ …
Erwachsene im Raum	
	■ als Bezugsperson da sein ■ sich anbieten ■ …
Raum und Material	
	■ …
	■ …

Einige Listen werden angelegt, ohne den Anspruch, sie sofort fertig zu stellen. Einzelne Fachleute und ganze Teams ertragen es nicht so gut, wenn ein Arbeitsschritt offen endet oder zumindest „nicht ganz fertig" erscheint. Es ist aber völlig normal, dass Entwicklungsprozesse ihre Zeit brauchen, sogar bei scheinbar so sachlichen Themen wie der Raumgestaltung.

Aus der Analyse ergibt sich ein Konzeptionstext, der beispielsweise so aussieht:

Verständigung: Konzeptionen machen Zusammenhänge klar.

Ein Konzeptionstext mit Raumbeschreibungen und Raumkonzepten

Gelegenheiten drinnen

In unserem neu renovierten und sanierten Haus befinden sich in der unteren Etage die drei Gruppenräume, an die jeweils ein zusätzlicher Funktionsraum angeschlossen ist.

In der roten Gruppe ist dies das „Lesezimmer". Ein großer Teppich im Gruppenraum bietet den Kindern viel Platz zum Lego bauen, Eisenbahn spielen oder auch für Rollenspiele.

Ein Maltisch und verschiedene andere Tische werden für Tischspiele, Bastelarbeiten und zum Frühstücken genutzt.

Am Nachmittag betreuen wir in dieser Gruppe gruppenübergreifend alle Kinder.

In die blaue Gruppe ist der Funktionsraum „Traumhöhle" integriert. Ein gemütlicher Bauteppich ist sehr beliebt zum Duplo Zoo spielen oder um mit den Autos zu fahren. Ansonsten gibt es genau wie in der roten Gruppe Tische zum Spielen und eine Frühstücksecke.

Der Funktionsraum „Bauzimmer" neben der gelben Gruppe bietet Möglichkeiten zum Konstruieren und Gestalten.

Großer Beliebtheit erfreut sich im Gruppenraum eine Frisierecke mit echten Frisierköpfen. Ebenso wie in den anderen Gruppen gibt es Tische zum Spielen, Malen und Frühstücken. In der gelben Gruppe treffen sich morgens alle Kinder, die vor 8:30 Uhr kommen.

Des Weiteren befinden sich in der unteren Etage die Teeküche, ein Materialraum sowie das Büro der Kindergartenleitung.

Die Kindertoiletten im EG sind für alle Kinder zentral erreichbar, ebenso der durch eine Schiebetür abgetrennte Wickelraum.

Der helle Eingangsbereich mit seinem großzügig geschnittenen Garderobenbereich sowie die Infowand befinden sich ebenfalls auf dieser Etage.

Schwere Gegenstände oder gehbehinderte Personen gelangen ohne große Schwierigkeiten mit dem Aufzug in das neu aufgestockte Obergeschoss.

Die neu hinzugekommenen Räume eignen sich für die unterschiedlichsten Aktivitäten: Der große Mehrzweckraum und die Halle im Obergeschoss bieten gute Möglichkeiten zur Bewegung, Meditation, für Sing- und Tanzspiele, Feste und Feiern, Elternabende oder als „Schlechtwetter-Ausweichmöglichkeit" bei unseren Festen.

Das im Raum daneben liegende Ballbad ist besonders bei unseren kleinen Kindern sehr beliebt. Um die Mittagszeit wird aus diesem Funktionsraum der Schlafraum.

Das große Hausaufgabenzimmer ist in seiner Funktionalität sehr vielfältig. Ob Hausaufgabenbetreuung, Arbeiten mit Farben oder Kleister sowie Sprachförderung und Schulanfängerangebote können hier ungestört stattfinden.

Der angrenzende Küchenbereich bietet unseren Kindern Platz zum Mittagessen und für Back- und Kochangebote.

Für unsere Schulkinder und Gäste gibt es zwei große Toiletten, einen kleineren Wasch- und Wickelraum und ein Behinderten-WC.

Das Personalzimmer wird als Besprechungszimmer und Pausenraum für die Erzieherinnen genutzt.

Anregungen draußen

Zu unserer Einrichtung gehört auch ein Außengelände, welches jede Gruppe durch eine eigene Terrassentür erreichen kann.

Das Außengelände lässt sich in drei verschiedene Bereiche unterteilen:

Zum einen gibt es asphaltierte Flächen, die mit Rollern, Bobbycars und verschiedenen anderen Kinderfahrzeugen befahren sowie zum Üben mit den Laufdosen genutzt werden.

Außerdem besteht dort die Möglichkeit, Tische aufzustellen, an denen gespielt, gemalt oder gepuzzelt wird. Bei Bedarf kann ein Sonnenschutz ausgefahren werden.

Auf dem Rasen können die Kinder mit Bällen spielen oder es sich im Sommer auf einer Decke gemütlich machen. Die verschiedenen Sträucher und Büsche laden zum Verstecken spielen ein.

Vielfältige Spielmöglichkeiten gibt es für die Kinder auch im Sandbereich. Hier befindet sich neben verschiedenen Klettermöglichkeiten, einer großen Röhrenrutsche und einer Schaukel für Kleinkinder auch ein Brunnen, der im Sommer zu Wasser- bzw. Matschspielen einlädt.

Große Teile der Sandfläche werden durch Bäume und durch ein Beschattungssystem vor der Sonne geschützt.

Direkt neben unserem Außengelände ist ein öffentlicher Spielplatz, den wir bei Bedarf gerne besuchen, da ein direkter Zugang über eine Gartentür (dieser sichert im Brandfall den Fluchtweg) möglich ist.

Im Haus unterwegs – Das traue ich mir zu

Wir bieten unseren Kindern verschiedene Raumschwerpunkte an. Während der Kernzeit und nachmittags halten sich bis zu vier Kinder ohne ständige Aufsicht in jeweils einem Raum auf. Für jeden Raum gibt es vier Symbolschilder. Diese hängen zentral in der Eingangshalle der Kindertagesstätte. Damit die

> Erzieherinnen den Überblick über den Aufenthalt der Kinder behalten, hängen diese ein Symbolschild an ihrem Tassenregal im Gruppenraum auf. Verlassen die Kinder die Funktionsräume, bringen sie ihr Symbolschild in die Halle zurück. Die Raumschwerpunkte bieten den Kindern und uns immer neue Möglichkeiten, verschiedene Bereiche neu zu entdecken und zu fördern. Das Raumangebot ist fester Bestandteil unserer pädagogischen Arbeit.
>
> Im Bauzimmer stehen Bauklötze, eine Eisen- und eine Murmelbahn zur Verfügung.
>
> Die Traumhöhle ist Sinneshöhle und Kuschelhöhle in einem. Zum Entspannen, Ausruhen und Anregen der Sinne ist sie genau das Richtige.
>
> Im Lesezimmer können die Kinder auf zwei gemütlichen Sofas Bilderbücher anschauen oder sich Musik bzw. Geschichten anhören. Auch eine Erzieherin zum Vorlesen ist dort immer willkommen.
>
> Besonders beliebt ist bei unseren Kleinsten das Ballbad. Erstaunlich schnell entwickeln die Kinder dort ungeahnte motorische Fähigkeiten.
>
> Im Bewegungsraum mit den Riesenbauklötzen, Rollbrettern oder Hüpfpferden kommen die Kinder ihrem natürlichen Bewegungsdrang nach. An mehreren Wochen im Jahr ist hier eine „Bewegungsbaustelle" aufgebaut. Diese wird immer von einer Erzieherin betreut.
>
> Das Außengelände ist bei den Kindern in jeder Jahreszeit sehr beliebt. Sich Verstecken, im Sand spielen, mit den Fahrzeugen fahren oder Fußball spielen macht allen Kindern Spaß.
>
> **Die Impulse, die die Raumaufteilung und das differenzierte Material bieten, regen die Kinder immer wieder aufs Neue an, sich selbst zu bilden.**
>
> **Das Raumkonzept unseres Hauses ermöglicht jedem Kind, jeden Tag eine Vielfalt neuer Begegnungen und Bindungen mit den Kindern und Erwachsenen aus allen Gruppen.**

4.5 Spiel

Impuls

Spiel um seiner selbst willen

„Und, was hast du heute gemacht?" Henriettes Mutter stellt die obligatorische Frage. Henriette packt im Vorbeigehen ihre Tasche, macht eine kleine Kurve und greift die Jacke, dabei piepst sie knapp: „Nix!" Ich lächle die Mutter an und hoffe, dass jetzt kein Vortrag darüber kommt, wie schön es doch immer sei, wenn die Kleinen so viele Dinge mit nach Hause nehmen.

Menschen, die spielen sind reich

In den Leitlinien frühkindlicher Bildung finden Thüringer Teams einen Anhaltspunkt, welche Bedeutung dem kindlichen Spiel zukommt.

> *Spielen, Gestalten und Experimentieren*
>
> *Im Spiel erkennt das Kind die Welt.*
>
> *Im Spiel erwerben und verarbeiten die Kinder ihr Wissen von der Welt, entwickeln Fähigkeiten, lernen Probleme zu lösen, gestalten soziale Beziehungen und erkunden aus eigenem Antrieb die Umwelt. Sie können täglich Neues entdecken und haben Möglichkeiten ihre Umgebung zu beobachten und zu erforschen. Von der Vielfalt der Spielmöglichkeiten werden die kognitive, die soziale und emotionale Entwicklung sowie die Kreativität und die Sprachentwicklung entscheidend beeinflusst.*
>
> *Im Kindergarten findet Lernen vor allem beim Spielen, Gestalten und Experimentieren der Kinder statt. Jedes Kind findet übersichtliche Räume vor, die funktional, nicht einseitig festgelegt sind und vielfältige Aktivitäten ermöglichen. Die Kinder dürfen ihre Umgebung im Innen- sowie im Außenbereich verändern und sich als selbstwirksam erleben. Sie können ihre Ideen verwirklichen und dabei ihrer eigenen Logik und ihrem eigenen zeitlichen Rhythmus folgen.*
>
> Quelle: Thüringer Ministerium für Soziales, Familie und Gesundheit, Referat M2: Leitlinien frühkindlicher Bildung, 2003, S. 11

Die hohe Bedeutung des Spiels ist für moderne pädagogische Fachleute seit Jahrzehnten klar. Ebenso lange wird diese hohe Meinung über das kindliche Spiel in der Gesellschaft scheinbar nicht geteilt. Die Qualität des Spiels hängt in pädagogischen Einrichtungen davon ab, wie die Bedürfnisse der Kinder wahrgenommen werden und in welchen Spielsituationen sie münden. Beim pädagogischen Dauerbrenner Freispiel liegt der Akzent bei der Orientierung am kindlichen Bedürfnis.

Ideen und Impulse: Gesellschaft, Familie und Institution – Das Spiel hat verschiedene Bedeutungen.

Entscheidend ist hier, in welchem Maße sich Erwachsene auf die Aktivität der Kinder einlassen können. Das hängt wiederum stark mit der Fähigkeit zusammen, von der Erwachsenenposition in eine den Kindern nahe Position zu wechseln. Diese kindnahe Position ist durch ein hohes Maß an Aktivität, Beweglichkeit und Energie gekennzeichnet. In diesem Punkt stehen sich verschiedene Ansichten gegenüber.

Impuls

> „Ich werde nur so aktiv, wie es nötig ist und halte mich zurück, wo es möglich ist. Schließlich wurde mir schon in der Ausbildung klar gemacht, dass ich mich selbst überflüssig machen soll." „Ach was, ohne unser Vorbild kommen doch gar keine Spielprozesse in Gang. Ich sage immer: ‚Die Kinder heute können nicht mehr spielen!' Früher saß ich stundenlang neben meiner Oma und habe mit der Knopfschachtel gespielt, die sie mir gegeben hat, stundenlang und tagelang."

Sobald sich ein Kind angenommen und akzeptiert fühlen kann, ist die Voraussetzung für aktive Spielprozesse vorhanden. Kinder brauchen Räume, Material und Spielpartner, auch Erwachsene.

Zusammenhänge

Wir reflektieren uns und treffen Entscheidungen: Zusammenhänge sind bedeutsam.

Es ist nicht immer leicht, die eigene pädagogische Praxis anhand von Einschätzungsskalen wie „trifft zu" bis „trifft nicht zu", einzuordnen. Das Thema Spiel ist ein Paradebeispiel dafür. Wenn Kinder gute Spielbedingungen vorfinden, dann hat das mit den Räumen, dem Material, dem Erwachsenenverhalten, den Tagesabläufen, ihrer eigenen Entwicklung und vielem mehr zu tun. Letzteres, die Entwicklung des eigenen Spielverhaltens, wird mit den angeführten Qualitätskriterien direkt verbunden. Das Team, in dem das folgende Beispielmaterial entstand, hatte zuvor Entwicklungskriterien gesammelt, anhand derer das Spielverhalten eines Kindes eingeschätzt wird. Bei der Anwendung war aufgefallen, dass ein Kind sich in einem Bereich nur entwickeln kann, wenn es auch Gelegenheit dazu bekommt. Wenn das Spielverhalten eines Kindes unter anderem daran festgemacht wird, ob es „eigene Spielideen äußert", müssen die Erwachsenen zuvor die Gelegenheit dazu geben. So entsteht in logischer Konsequenz der formulierte Qualitätsanspruch für das Team:

Standards: Spielentwicklung unterstützen

☐ Die Kinder haben die Möglichkeit, eigene Konstruktionen auszuführen.

☐ Die Kinder können ein Spiel zu Ende spielen ohne unterbrochen zu werden.

☐ Die Kinder finden ein Ordnungssystem für die Spielsachen vor.

☐ Die Kinder werden angeregt, in einer kleinen Gruppe mit anderen Kindern zusammen zu spielen.

- ☐ Die Kinder können an Spielanlässen in der großen Gruppe teilnehmen.
- ☐ Die Kinder werden zum Rollenspiel angeregt.
- ☐ Die Kinder werden angeregt, sich mit einem Spielinhalt auseinanderzusetzen.
- ☐ Die Kinder wählen selbstständig Spielmaterial und Spielpartner aus.
- ☐ Die Kinder können eigene Spielideen äußern, auch in der großen Gruppe.
- ☐ Die Kinder werden an Spielregeln herangeführt.
- ☐ Die Kinder können bei Regel- und Rollenspielen die eigene Fantasie walten lassen.
- ☐ Die Kinder werden angeregt, zwischen Tätigkeiten mit Anspannung und Entspannung zu wechseln.
- ☐ Die Kinder werden mit ihrer Neugier und Erkundungslust ernst genommen.

Mit der Qualität rund um das Thema „Spiel" lässt sich gut erkennen, dass pädagogische Standards und Empfehlungen einen sehr unterschiedlichen Charakter haben können.

Ein Konzeptionstext zum Thema: Spiel ist Freiheit

Spiel und Freispiel in unserer Kita

Spiel ist eine Tätigkeit, die Menschen Freude macht. Für Kinder ist Spiel „Arbeit", die sie mit viel Energie und Spaß machen, ganz im Unterschied zu der Arbeit der Erwachsenen.

Spiel und Spaß gehören zueinander.
Viele unserer Fähigkeiten entstammen dem Spiel.

Das Spiel der Kinder erscheint uns Erwachsenen oft wenig sinnvoll und passt nicht in unser leistungsorientiertes Weltbild. Dabei besaß der Mensch schon immer den Drang zu spielen und bereits in der Antike wurden dem Spiel des Kindes erzieherische Funktionen zugeschrieben. Mittlerweile gibt es zahlreiche Deutungen und verschiedene Spieltheorien: Das Spiel als eine Vorübung auf das Leben als Erwachsener. Das Kind nimmt Dinge seiner Umwelt auf und verarbeitet sie im Spiel. Oder man spricht von der Lust an der Funktion bestimmter Tätigkeiten, wie es die Freude am Wiederholen zeigt.

Verständigung: Texte für die Öffentlichkeit klären auf und zeigen die eigene Position.

In der Geschichte der Pädagogik wurde die Bedeutung des Spiels immer wieder hervorgehoben. Für Friedrich Fröbel war das Spielen etwas, mit dem Kinder das wirkliche Leben nachempfinden, also ihre Umwelt nachahmen und Gefühle ausleben. Mit dem von ihm entwickelten Spielmaterial (Fröbelgaben) wollte er durch Beschäftigung das Kind „spielend" zum Erwerb von Grundkenntnissen anregen. Auch Maria Montessori trug geeignete Lern- und Spielmittel zusammen, die sie zur Förderung der Eigentätigkeit von Kindern einsetzte.

Die Lernerfahrungen, die das Kind in den ersten Lebensjahren sammelt, hängen wesentlich von den Spielmöglichkeiten ab, die ihm Erwachsene anbieten.
Wir haben Spielmaterialien für verschiedene Altersgruppen. Diese bekommen je nach Spielfunktion ihren Platz. Das kann einfach nur ein Regal sein, in dem sich alle Tischspiele befinden oder ein größerer Platz mit allen Baumaterialien, unsere Bauecken. Es gibt verschiedene Funktionsecken, die wir je nach Kinderwunsch verändern. So wird aus der Puppenecke auch mal ein Kaufladen, oder die Frisörecke wird zum Verkleiden genutzt. Jede Gruppe hat ähnliche Spielzonen. Es gibt große Maltische, wenn sich die Kinder kreativ mit Papier beschäftigen, oder wir stellen eine größere Baufläche zur Verfügung, wenn in einer Gruppe viele Kinder gerne bauen. Gewisse Spielzonen befinden sich immer außerhalb des Gruppenraumes. Turnhalle, Außengelände, roter Teppich und Aquarium können von den Kindern auch während des Freispiels benutzt werden. Es gibt Regeln für die Nutzung dieser Zonen und für den Umgang mit dem Spielmaterial.

Die Kinder bestimmen selbst, wann sie bereit sind, alleine „loszuspielen".
Sie können an einer Pinnwand ihren Sticker so setzen, dass jeder sehen kann, wo sich das Kind aufhält. Die Kinder lernen Verantwortung für sich selbst zu übernehmen. Spiel ist Leben, es löst Freude und Befriedigung aus. Diese Freude an der Tätigkeit kann später auf die Arbeit übertragen werden. Das Spiel vermittelt echte Erlebnisse und regt zu aktivem Handeln an. Die Kinder haben die Möglichkeit, sich in den verschiedenen Spielzonen auszuprobieren. Dabei entstehen Spielgruppen und Freundschaften. Es gibt Kinder, die den ganzen Kaufladen leer kaufen, oder andere, die in der Puppenecke einen Frühjahrsputz machen. In der Bauecke wird möglicherweise der Eifelturm nachgebaut, weil ein Kind der „Baugruppe" in Paris war. Das Kind schlüpft immer wieder in eine andere Rolle. Es kann zum Beispiel auch mal als Mama oder Erzieherin andere Kinder dirigieren. Das kindliche Lernen ist meist prozessorientiert und weniger ergebnisorientiert.

Kinder sind Akteure ihrer Entwicklung.
Im Spiel setzen sie sich mit ihrer Umwelt auseinander. Das Kind vollzieht seine Entwicklung selbst auf eigensinnigen, vielfältigen und den Erwachsenen

manchmal verborgenen Wegen. Im Freispiel ist alles möglich, wenn man sich an ein paar Regeln halten kann!

Wir geben den Kindern Zeit zum Spielen. Kinder können im Spiel ihr Erfahrungsfeld erweitern, sich selbst ausprobieren, eigene Grenzen entdecken, Mut entwickeln, improvisieren, sich selbst und andere fühlen und entdecken sowie beim Experimentieren und Probieren wichtige und bleibende Lernerfahrungen machen.

Das tägliche Leben der Kinder, Schule, Arbeitswelt und Medien unterliegen einer rasanten Entwicklung.

Wer gelernt hat, sich kreativ und fantasievoll mit seiner Umwelt auseinanderzusetzen, kann vor diesen ständigen Veränderungen bestehen und flexibel darauf reagieren.

4.6 Sprache

Zusammenhänge bewegen die Praxis

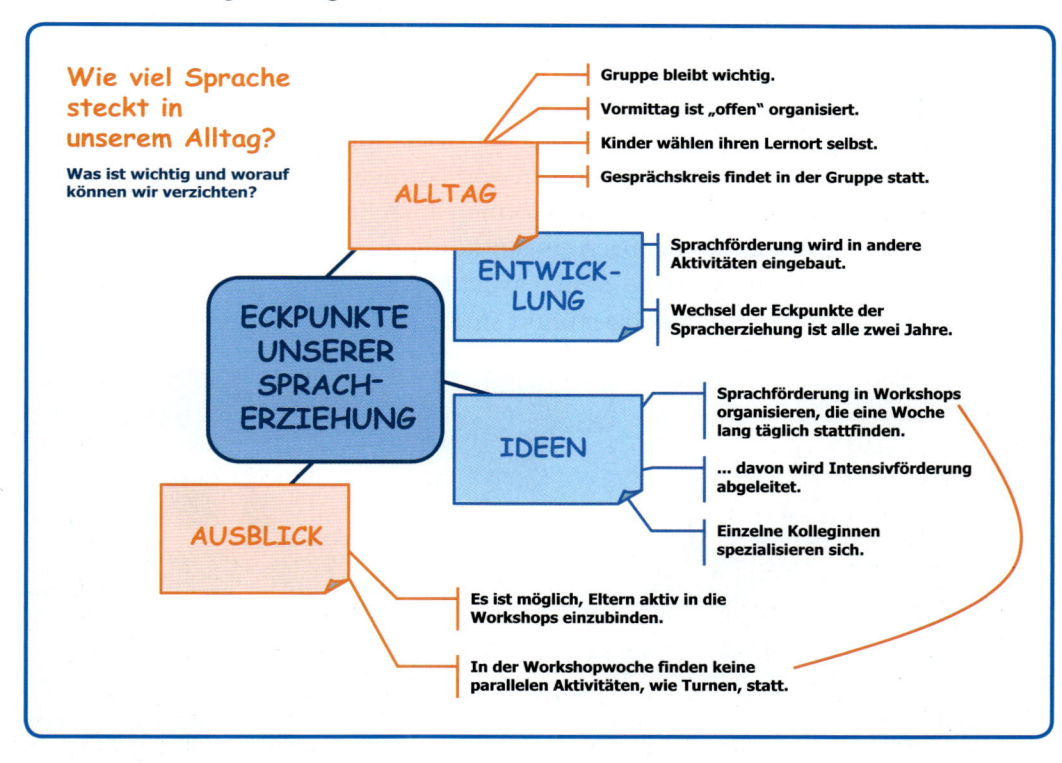

Wie viel Sprache steckt in unserem Alltag?
Was ist wichtig und worauf können wir verzichten?

ECKPUNKTE UNSERER SPRACHERZIEHUNG

ALLTAG
- Gruppe bleibt wichtig.
- Vormittag ist „offen" organisiert.
- Kinder wählen ihren Lernort selbst.
- Gesprächskreis findet in der Gruppe statt.

ENTWICKLUNG
- Sprachförderung wird in andere Aktivitäten eingebaut.
- Wechsel der Eckpunkte der Spracherziehung ist alle zwei Jahre.

IDEEN
- Sprachförderung in Workshops organisieren, die eine Woche lang täglich stattfinden.
- … davon wird Intensivförderung abgeleitet.
- Einzelne Kolleginnen spezialisieren sich.

AUSBLICK
- Es ist möglich, Eltern aktiv in die Workshops einzubinden.
- In der Workshopwoche finden keine parallelen Aktivitäten, wie Turnen, statt.

Die beispielhafte Sammlung eines Teams

Die Bedeutung der Sprache für ein Kind

Die Bildungspläne der verschiedenen Länder betonen alle die Bedeutung der Sprachentwicklung eines Kindes, wie das Beispiel aus Schleswig-Holstein zeigt. Dieses komplexe Thema wird in Teams häufig besonders hervorgehoben und sehr ausführlich mit Inhalt gefüllt.

> *Sprachentwicklung und Sprachförderung spielen in Kindertageseinrichtungen eine zentrale Rolle. Für die kindliche Entwicklung gilt in besonderem Maße, dass Sprache nicht als isolierte Kompetenz vermittelt wird, sondern sich ausschließlich im kommunikativen Kontext alltäglicher Situationen entwickeln kann. Sprache ist für Kinder ein wichtiger Zugang zur Welt. Sie hilft ihnen, ihre Wahrnehmungen der Welt zu benennen, zu strukturieren und mit der Welt zu kommunizieren.*
>
> *Kinder lernen Sprache stets durch Sprechen. Sprache ist immer eingebettet in soziale Situationen. Anders ausgedrückt: „Sprechen heißt: miteinander sprechen" (Schäfer 2003, 173). Um ihre sprachlichen Kompetenzen zu erweitern, müssen Kinder in Kindertageseinrichtungen Gelegenheiten und Anregungen erhalten, mit anderen zu sprechen.*
>
> *Quelle: Ministerium für Bildung, Wissenschaft, Forschung und Kultur des Landes Schleswig-Holstein: Erfolgreich starten. Leitlinien zum Bildungsauftrag von Kindertageseinrichtungen, 2004, S. 1*

Ideen und Impulse: Einige Themen werden gesellschaftlich besonders betont.

Sprachförderung ist eine Aufgabe, die den gesamten Kindergartenalltag durchzieht. Sie ist ein Teil der Persönlichkeitsbildung. Bildung wiederum hat mit Bindung zu tun und bedeutet Beziehungsarbeit. Deshalb ist eine der Grundvoraussetzungen für die Entwicklung der Sprache eine sichere und vertrauensvolle Beziehung zwischen Kindern und erwachsenen Bezugspersonen. Sprachförderung geschieht nicht nur auf der kognitiven Ebene, sondern braucht auch eine emotionale und soziale Beziehungsebene. Alle Qualitätsprozesse sollten die Zusammenhänge von Sprache mit allen anderen Entwicklungsbereichen eines Kindes berücksichtigen.

Jede pädagogische Fachkraft kann an ihren Erkenntnissen über den Spracherwerb von Kindern anknüpfen und die Förderung von Sprache systematisch weiterentwickeln. Besonders hier ist eine individuelle und differenzierte Begleitung jedes Kindes angebracht. Indem Fachleute Sprachentwicklung strukturiert beobachten, den Kindern Zeit und Zuwendung schenken und bewusst erkennen, welche Stärken und Kompetenzen das einzelne Kind hat, können auch Entwicklungsverzögerungen erkannt werden. Anhand der Beobachtungen können sie individuelle Förderpläne erstellen und ebenso individuelle systematische Förderprogramme ableiten, die genau auf die beteiligten Kinder abgestimmt sind.

Die analysierende und reflektierte Qualitätsanalyse und das Festhalten der Ergebnisse in eigenen Qualitätsaussagen erleichtern die pädagogische Arbeit und führen langfristig zu einer neuen Qualität.

Neue Erkenntnisse werden gewonnen, z.B. dass die Förderung in der Alltagssituation nicht ausreicht, sondern dass eine systematische Förderung notwendig ist, um die Sprache der eigenen Umwelt problemlos zu lernen. Es müssen Sprachverständnis, Wortschatz, Satzbau, Artikulation, Textverständnis und Erzählkompetenz gefördert werden. Der Literacy-Erziehung wird im Kindergarten zunehmend Bedeutung beigemessen.

Die Auseinandersetzung mit der Qualität von Sprachbildung in der Kindertageseinrichtung führt zu einer Kompetenzerweiterung im gesamten Bereich Spracherwerb und Sprachentwicklung. Das ganze Team wird durch einen strukturierten Qualitätsprozess den einzelnen Sprachentwicklungsaspekten mehr Beachtung schenken. Entsprechende Standards, Empfehlungen und Checklisten sind dann auch sehr differenziert:

Standards: Sprachentwicklung unterstützen

I. Standards

Wir reflektieren uns und treffen Entscheidungen: Die Sammlung eigener Standards setzt eine differenzierte Fachsammlung voraus.

GRUNDSÄTZLICHES

	trifft zu			trifft nicht zu
Die Sprachförderung wird eingebettet in die pädagogische Gesamtkonzeption der Einrichtung und basiert auf dem Ansatz des Bildungsplans.	☐	☐	☐	☐
In der Einrichtung gibt es regelmäßige Erzähl- und Vorlesezeiten.	☐	☐	☐	☐
In der Einrichtung finden sich verlässliche Bewegungsangebote.	☐	☐	☐	☐

Aufnahme

Bei der Anmeldung bekommen die Eltern eine Informationsbroschüre über Sprache und Sprachentwicklung. Diese liegt in deutsch, russisch und türkisch usw. vor.	☐	☐	☐	☐
Beim Aufnahmegespräch füllt die Erzieherin mit den Eltern einen Anamnesebogen aus, der als einen Schwerpunkt die bisherige Sprachentwicklung des Kindes beinhaltet. Hierbei ist darauf zu achten, dass die Entwicklung in der Muttersprache in Erfahrung gebracht und festgehalten wird.	☐	☐	☐	☐

Beobachtung und Dokumentation

Der sprachliche Entwicklungsstand wird kontinuierlich und methodisch angelegt und belegbar festgehalten.	☐	☐	☐	☐
Fördermaßnahmen/Förderelemente werden kontinuierlich und methodisch angelegt und belegbar beschrieben.	☐	☐	☐	☐
Fortschritte und Erfolge werden kontinuierlich und methodisch angelegt und belegbar festgehalten.	☐	☐	☐	☐

Die Beobachtung dient in Teamgesprächen als Gesprächsgrundlage für die ganzheitliche pädagogische Planung. ☐ ☐ ☐ ☐

Die Sprachentwicklung wird zum Zeitpunkt der jeweiligen Vollendung des neues Lebensjahres eines Kindes (im Zeitraum von zwei Wochen vor oder zwei Wochen nach dem Geburtstag) in einem Beobachtungsbogen festgehalten und überprüft. ☐ ☐ ☐ ☐

Die Erzieherin …

wendet sich den Kindern zu (Blickkontakt) und hört gut und aktiv zu. ☐ ☐ ☐ ☐

begleitet das eigene Handeln mit Sprechen. ☐ ☐ ☐ ☐

spricht deutlich und grammatikalisch korrekt. ☐ ☐ ☐ ☐

ermutigt die Kinder zum Sprechen. ☐ ☐ ☐ ☐

schafft Sprechanlässe (z. B. durch das Stellen von offenen Fragen). ☐ ☐ ☐ ☐

strukturiert sprachliche Rituale im Alltag (Begrüßung, Gesprächsrunden, Verabschiedung usw.). ☐ ☐ ☐ ☐

verbessert die Kinder nicht, sondern beantwortet/wiederholt das Gesagte in korrekten Sätzen. ☐ ☐ ☐ ☐

Zusammenarbeit mit Eltern

Die Erzieherin informiert die Eltern bei der Aufnahme darüber, wie die Förderung der deutschen Sprache in der Einrichtung praktiziert wird. ☐ ☐ ☐ ☐

Die Erzieherin informiert die Eltern bei der Aufnahme darüber, welche Bedeutung die Familiensprache für den Zweitspracherwerb hat. ☐ ☐ ☐ ☐

Die Erzieherin informiert die Eltern bei der Aufnahme darüber, wie Eltern die Sprachentwicklung ihrer Kinder unterstützen können. ☐ ☐ ☐ ☐

In Elterngesprächen wird mindestens einmal jährlich die sprachliche Entwicklung thematisiert. ☐ ☐ ☐ ☐

Bei Bedarf werden die Eltern gebeten, eine bilinguale Vertrauensperson mitzubringen. ☐ ☐ ☐ ☐

Bei einem sprachauffälligen Kind steht die Erzieherin den Eltern beratend zur Seite und verweist auf die entsprechenden Dienste. ☐ ☐ ☐ ☐

Mit einem Adressenverzeichnis werden Angehörige über weitere Beratungsstellen informiert. ☐ ☐ ☐ ☐

Themenveranstaltungen und die aktive Einbindung der Eltern in den Kindergarten werden in den Einrichtungen ermöglicht und praktiziert. ☐ ☐ ☐ ☐

Die Eltern werden über Veranstaltungen zum Thema Sprache in anderen Einrichtungen informiert. ☐ ☐ ☐ ☐

4.6 Sprache

Fortbildung

	☐ ☐ ☐ ☐
Alle Erzieherinnen werden für eine ganzheitliche Sprachförderung qualifiziert und laufend fortgebildet.	☐ ☐ ☐ ☐
In der Einrichtung spezialisiert sich eine Mitarbeiterin und ist für die Umsetzung des Sprachförderungskonzeptes in der Einrichtung verantwortlich.	☐ ☐ ☐ ☐

Zusammenarbeit und Öffentlichkeit

Im Rahmen der Kooperation wird die Schule über die Sprachentwicklung der Kinder informiert.	☐ ☐ ☐ ☐
Über die Arbeit zur Sprachförderung in der Kindertageseinrichtung wird mittels eines Konzeptauszugs informiert. Inhalt sind die Qualitätsmerkmale, die verlässlich in der Einrichtung vorzufinden sind.	☐ ☐ ☐ ☐
Es wird mit Ärzten, Psychologen und logopädischen Fachdiensten zusammengearbeitet.	☐ ☐ ☐ ☐

Mehrsprachigkeit

Kulturelle Eigenheiten werden wertgeschätzt und finden einen angemessenen Platz im Kindergartenalltag. Es ist selbstverständlich erlaubt, dass sich die Kinder in ihrer Muttersprache unterhalten.	☐ ☐ ☐ ☐
Deutsch als Zweitsprache und Verständigungssprache im Kindergarten wird durch klare Sprachmuster und Sprachstrukturen unterstützt.	☐ ☐ ☐ ☐
Die kulturelle Vielfalt wird als Bereicherung verstanden und in den Alltag integriert.	☐ ☐ ☐ ☐

II. Checkliste A: Grundlagen

Räumliche Gestaltung

- ☐ Die Einrichtung verfügt über eine einladende Buch- und Leseecke.
- ☐ Es gibt die Kommunikation fördernde Sitzarrangements.
- ☐ Es wird für genügend Bewegungs- und Entdeckungsspielraum gesorgt.

Beobachtung

- ☐ Die Erzieherin beobachtet wann, wo, worüber und in welcher Form sich einzelne Kinder unterhalten.
- ☐ Die Erzieherin achtet darauf, in welcher Form sie mit Kindern unterschiedlicher Entwicklungsstufen kommuniziert.

Dialog- und Beteiligungsbereitschaft

☐ Die Erzieherin zeigt den Kindern durch Blickkontakt und entsprechende Gesten ihre Dialogbereitschaft. Sie hört aktiv zu und stellt sich auf das Sprechvermögen des Kindes ein.

☐ Die Erzieherin achtet darauf, dass alle Kinder, die etwas erzählen möchten, zu Wort kommen und während der Unterhaltung in ihrem Redefluss möglichst wenig unterbrochen werden.

☐ Die Erzieherin unterstützt bei Konflikten die Kinder, ihre Gefühle auszudrücken.

III. Checkliste B: Impulse für die Gesamtgruppe, für Kleingruppen und einzelne Kinder

☐ Die Erzieherin nutzt und ermöglicht im ganzen Tagesgeschehen verschiedene Alltags-, Spiel-, Bastel- und Forschungssituationen für Gespräche mit den Kindern. Sie unterhält sich mit ihnen über Interessen, Bedürfnisse, Aktivitäten und verwendetes Material in der Tageseinrichtung und zu Hause.

☐ Sie achtet darauf, dass jedes Kind mehrmals täglich persönlich angesprochen wird.

☐ Tägliche Routinen wie Tischdecken, An- und Auskleiden usw. begleitet die Erzieherin in sprachlich angemessener Weise.

☐ Sie benutzt bewusst und regelmäßig unterschiedliche Sprachformen (geeignete Erzählungen, Gedichte, Verse, Reime usw.) und singt mit den Kindern Lieder.

☐ Sie bereichert die Ausdrucksfähigkeit der Kinder, indem sie in Gesprächen und beim Erzählen klar und deutlich formuliert, neue Begriffe einführt und öfter wiederholt.

☐ Die Erzieherin fördert bei allen Kindern das Zuhören. Sie vereinbart mit der Gruppe Gesprächsregeln für Gruppendiskussionen.

☐ Sie spricht mit den Kindern über Spiel- und Gestaltungsideen und über den Gebrauch von Materialien. Sie stellt themenbezogene Fragen, ergänzt Informationen und regt die Kinder an, komplexe Zusammenhänge sprachlich auszudrücken.

☐ Kontakte zur Außenwelt (Ausflüge, Einladung von Menschen mit interessanten Fähigkeiten) dienen der Erweiterung des Erfahrungs- und Sprachhorizonts.

IV. Leitfragen zur Reflexion und Umsetzung in der Einrichtung

☐ Gibt es ein Informationsblatt über Sprachförderung in Ihrer Einrichtung, das an Eltern und andere Interessierte verteilt wird?

☐ Gibt es eine Tafel im Eingangsbereich, auf der über aktuelle Schwerpunkte in der Sprachförderung informiert wird?

☐ Informiert die Einrichtung regelmäßig über ihre Aktivitäten in der Sprachförderung?

☐ Gibt es regelmäßig Teambesprechungen zum Thema Sprachförderung?

- [ ] Kann jede/r Erzieher/-in Auskunft über die Sprachförderung in Ihrer Einrichtung geben?
- [ ] Gibt es ein System, mit dem erfolgreiche Ideen rund um die Sprachförderung gesammelt werden, sodass sich neue Kolleginnen und Kollegen Anregungen holen können?
- [ ] Haben abwechslungsreiche Rollenspiele zum Thema Sprache einen festen Platz im Kita-Alltag?
- [ ] Wird regelmäßig und gezielt mit Bilderbüchern und dem Erzählen von Geschichten gearbeitet?
- [ ] Wird die sprachliche Entwicklung der Kinder dokumentiert? Ist von jedem Kind bekannt, mit welchen Sprachen es Kontakt hat?
- [ ] Gibt es im Team Kolleginnen und Kollegen mit mehrsprachigen Kompetenzen und falls ja, wie werden diese Kompetenzen eingesetzt?
- [ ] Wird Fachliteratur in den fachlichen Austausch unter Kolleginnen und Kollegen eingebracht?
- [ ] Gibt es für Eltern die Möglichkeit, Bücher und Tonkassetten auszuleihen?
- [ ] Kommen regelmäßig Angehörige oder Ehrenamtliche zum Vorlesen in die Einrichtung?
- [ ] Werden Angehörige und Ehrenamtliche regelmäßig in Aktivitäten der Einrichtung einbezogen und falls ja, wie oft (z. B. einmal wöchentlich, einmal monatlich, nur bei Festen)? Welche Nationalitäten werden dabei berücksichtigt?
- [ ] Sind die Familiensprachen der Kinder sichtbar und hörbar im Alltag und für Besucher und Eltern optisch präsent?
- [ ] Gibt es regelmäßig Aktivitäten, in denen die Familiensprachen aller Kinder eine Rolle spielen?
- [ ] Wird Multikulturalität in Teamsitzungen angesprochen?
- [ ] Gibt es originalsprachige Materialien in den Familiensprachen bzw. mehrsprachige Materialien, z. B. Tonkassetten, Videokassetten, Bilderbücher, Computerspiele? Wie gut sind sie für Kinder zugänglich?

Ein Tipp zwischendurch: Sie lesen alleine oder mit Kolleginnen Qualitätsinstrumente durch. Vielleicht haben Sie auch gerade das Material zum Thema „Sprachentwicklung unterstützen" gelesen. Je häufiger mit solchen Instrumenten gearbeitet wird, umso leichter schleicht sich ein Automatismus ein, der dazu führt, dass die benannten Qualitätskriterien „abgehakt" werden. Das wäre schade, weil die möglichen Entwicklungsprozesse so kaum zustande kommen. Ein einfacher Schritt hilft: Fragen Sie sich nach jeder Qualitätsaussage, ob sie überhaupt Sinn macht. Es kann sein, dass einzelne Aussagen für Sie nicht stimmig sind, nicht zum Konzept der Einrichtung passen oder einfach so nicht richtig sind.

Entwicklungen: Prüfen Sie fremde Standards, bevor Sie sie anwenden!

Ein Konzeptionstext zum Zusammenhang von Sprache und Bildung

Sprachbildung in unserer Kita

Kinder brauchen Ermunterung und die Erfahrung: „Ich werde gehört, mir wird zugehört, ich werde verstanden." ... Die Erfahrung des Kindes, dass es mit einem Einwort-Satz eine gewünschte Handlung eines Erwachsenen auslösen kann, motiviert dazu, die eigene Leistung zu verbessern.
Quelle: Saarland, Ministerium für Bildung, Kultur und Wissenschaf (Hrsg.)t: Handreichungen für die Praxis zum Bildungsprogramm für saarländische Kindergärten 2007, S. 80

Verständigung: Fachlichkeit braucht Transparenz der Praxis.

Wir sprechen mit den Kindern von Anfang an überwiegend in der Schriftsprache, vor allem in gezielten Lernprozessen. Im Freispiel haben wir für die Kinder ein offenes Ohr und erweitern in zahlreichen Gesprächen mit den Kleinen deren Ausdruck und Wortschatz. Die Kinder lernen dabei spielerisch die Regeln und Strukturen unseres Sprachsystems kennen. Sich wiederholende Redewendungen in verschiedenen Situationen unterstützen das sprachliche Lernen.

Sprache bildet sich nur in der Interaktion mit der das Kind umgebenden Welt, im Gespräch mit anderen Personen.

Die Kinder haben bei uns beispielsweise die Möglichkeit, eine andere Gruppe zu besuchen. Es entstehen alltägliche Sprachsituationen: Sie fragen selbstständig in der Wunschgruppe nach und geben auch wieder Rückmeldung in der eigenen Gruppe. Wenn ein Kind darin noch unsicher ist, begleiten wir es und helfen beim Fragen.

Wir geben Kindern eine positive Resonanz.

Im Stuhlkreis oder in der Kinderkonferenz kann sich jedes Kind äußern. Ein Sprechstein geht rund, das heißt, das Kind, das den Sprechstein in der Hand hält, darf erzählen und alle anderen Kinder üben sich im Zuhören.

Auch im Singkreis hören die Kinder zuerst aufmerksam zu, lernen längere Texte, üben beim Singen ihre Aussprache und erweitern ihre Merkfähigkeit und Wortschatz. Mit Gestik und Mimik begleiten wir in manchen Sing- oder Spielliedern diese sprachliche Herausforderung. Die älteren Kinder lernen schon Gedichte und Abzählreime.

Beim Rollenspiel können alle Kinder in verschiedenen Spielzonen wie Bauecke, Frisörecke, Kaufladen und Puppenecke sprachliche Erfolge erleben.

Ein wichtiges Ritual ist das tägliche Beten und das Erzählen religiöser Geschichten. Mit Figuren stellen wir diese Geschichten nach und geben allen Kindern die Möglichkeit zum Dialog.

Wir sehen uns als Vorbild und nehmen alle Fragen der Kinder ernst. Wenn sich Kinder für Schriftzeichen oder das Schreiben ihres Namens interessieren, so unterstützen wir sie und schreiben das Wort in großen Druckbuchstaben.

Auch Zahlen lernen die Kinder bei manchen Tischspielen in Schrift und Bild und beim Abzählen in einer Kindergruppe.
Wir achten auf die Sprachentwicklung der Kinder und benutzen die schriftlichen Beobachtungen als Grundlage für regelmäßige Entwicklungsgespräche.

Spezielle Sprachlernsituationen
Alle Kinder ab vier Jahren machen Erfahrungen im Projekt „Schlaumäuse – Kinder entdecken Sprache". Jedes Kind macht einen PC-Führerschein und lernt Material kennen, das über den PC Sprachimpulse gibt. Die Kinder können sich, parallel zum Freispiel, über einen festgelegten Zeitraum hinweg mit den „Schlaumäuseimpulsen" beschäftigen.
Unseren „Großen" bieten wir ein speziell ausgearbeitetes und im Bildungsprogramm empfohlenes Sprachtraining: "Hören-lauschen-lernen". Das Würzburger Trainingsprogramm, wie es auch genannt wird, läuft über 20 Wochen. Die Eltern melden ihre Kinder dazu verbindlich an und sorgen dafür, dass ihr Kind um 9:00 Uhr in der Tagesstätte ist. Als Ergänzung zum Alltag wird hier ganz gezielt in Kleingruppen das Lautieren geübt und die Merkfähigkeit trainiert.

4.7 Kooperationen

Gemeinsame Erlebnisse verbinden
Waltraud und Elife stecken bis zu den Knöcheln im Matsch. Herr Werner und Herr Ödal ziehen mit Leibeskräften an ihnen. Wenn mich nicht alles täuscht, ziehen sie in verschiedene Richtungen. Alle sind zusammen gelaufen, haben zuerst sorgenvoll geschaut und halten sich nun die Bäuche vor Lachen.

> Herr Werner hatte schon gestern ganz stolz den kleinen Bagger gebracht, den er extra für die Samstagsaktion ausgeliehen hat: „Ich kann das, wir hatten so einen auch daheim! Für den Teich." Jetzt hat er im Eifer des Gefechts eine Wasserleitung zerdrückt. Die Eltern und wir wollten eigentlich nur einen neuen Sandkasten anlegen. Jetzt wird wohl eher ein Badefest daraus.
>
> Es ist jetzt schon klar, dass wir den Aktionstag mit den Eltern so schnell nicht vergessen werden. Vor allem weil mindestens zehn Fotoapparate und eine Videokamera alles genau festhalten. „Das kommt alles auf die Homepage", erklärt unsere Pfarrerin stolz, „und jetzt warten wir auf den Feuerwehrhauptmann, der ist Installateur und schon unterwegs."

Wertschätzung und gemeinsame Verantwortung

Die ersten Kooperationspartner von Kindertageseinrichtungen sind die Familien der Kinder. In Bremen können sich die pädagogischen Fachleute mit einem Leittext auseinandersetzen, der dazu einlädt, die Formen der Zusammenarbeit zu reflektieren und weiterzuentwickeln.

> *Zusammenarbeit mit Eltern*
>
> *Bildung und Erziehung im Elementarbereich stehen in der gemeinsamen Verantwortung von Eltern, Fachkräften und Gemeinwesen. Es ist anzustreben, dass Fachkräfte und Eltern sich als Teil einer Erziehungspartnerschaft verstehen lernen. Voraussetzung ist eine gegenseitige Anerkennung, Wertschätzung und kritische Auseinandersetzung. Es gehört zu den Aufgaben der Fachkräfte, im Zusammenwirken mit den Eltern die Arbeit der Einrichtung zu gestalten, ebenso wie die Eltern zu motivieren, fachliche Vorschläge aufzugreifen. Im Rahmen eines regelmäßigen Informationsaustauschs können Eltern den Fachkräften über die Vorerfahrungen der Kinder berichten, ihre gegenwärtige Lebenssituation verständlich machen, ihre besonderen Interessen und Vorlieben vermitteln. Die Fachkräfte informieren die Eltern über ihre Arbeitsweise und führen mit ihnen regelmäßig Gespräche über die Entwicklungsverläufe der Kinder. Sie weisen insbesondere auch auf Lernerfolge der Kinder hin und betonen die Bedeutung, die individuelle Lernwege für die Bildungsprozesse der Kinder haben. Sie machen Eltern auf die Stärken ihrer Kinder aufmerksam, unterstützen sie im Umgang mit Auffälligkeiten oder Belastungen der Kinder, weisen sie auf Entwicklungen hin, die besondere Hilfen für die Kinder notwendig werden lassen, und unterstützen sie darin, diese Hilfen zu erhalten.*
>
> *Eltern sollen an der Arbeit der Einrichtungen teilnehmen können. Die Mitarbeit bietet ihnen nicht nur Einsicht in deren Arbeit, sie stellt für die Kinder eine Verbindung zwischen den verschiedenen Lebensbereichen her und die Eltern erleben ihre Kinder in der Kindergruppe. Spielaktionen, gemeinsames Feiern, Unterstützung bei Bildungsangeboten oder Hilfe bei der Betreuung der Kinder, etwa um Ausflüge durchzuführen, ermöglichen darüber hinaus beiden Seiten, sich im Umgang mit den Kindern zu erleben und voneinander zu lernen. Gerade die Zusammenarbeit im Alltag der Einrichtungen erleichtert es, Eltern und insbesondere auch Väter einzubeziehen, die für Gespräche über Probleme von Entwicklung und Erziehung der Kinder aufgrund ihrer Einstellung oder Herkunft schwieriger zu erreichen sind.*
> Quelle: Freie Hansestadt Bremen, Der Senator für Arbeit, Frauen, Gesundheit, Jugend und Soziales (Hrsg.): Rahmenplan für Bildung und Erziehung im Elementarbereich, 2004, S. 37

Kontakte aufzubauen und zu pflegen ist die Basis der Bildungs- und Erziehungspartnerschaft mit den Eltern. Sobald eine Familie in der Kindereinrichtung ankommt, wird der Erfahrungsaustausch über das Kind im Alltag ein fester Bestandteil der Kooperation. Fachleute achten darauf, Positives ins Zentrum zu stellen. Gute Fachleute zeigen Interesse am Familienleben eines Kindes und sprechen mit den Eltern gemeinsame Vorgehensweisen ab. Dabei werden Entwicklungen des Kindes, seine Vorlieben und Abneigungen berücksichtigt und wichtige Informationen über den Alltag an beiden Orten, Familie und Kindertageseinrichtung, ausgetauscht.

Impulse:
Bildungspläne setzen Maßstäbe.

Die Eltern erhalten Informationen über Beobachtungen des Kindes in der Einrichtung und die verschiedenen Phasen seiner Entwicklung. Mit den Eltern kann regelmäßig darüber gesprochen werden, wie sie die Einrichtung erleben und welche positiven und negativen Erfahrungen sie gesammelt haben. Fragen nach der Zufriedenheit mit der Betreuung und individuellen Wünschen sind immer ein Zeichen von Interesse an der Meinung der Anderen. Über die letzten Jahrzehnte hinweg wurde in der Praxis und der Theorie über die angebliche Distanz zwischen Familien und pädagogischen Fachleuten diskutiert. An vielen Orten entspricht das nicht der Realität. Eltern vertrauen den Menschen, die ihr Kind auf einem Stück des Lebenswegs begleiten, sehr, vor allem, wenn in Gesprächen ein Austausch über die Entwicklung des Kindes stattfindet. Die Aussagen der Eltern und der Erzieherinnen verschmelzen zu einem deutlicheren Bild des Kindes, das sonst so nicht möglich wäre.

Die Anzeichen stehen dafür, dass Familien bei den Fachleuten verstärkt Rat suchen. Eine konstruktive Beratung ist ein Zeichen für Qualität.

Selbst in Konfliktsituationen bekommen beide Seiten die Gelegenheit, den eigenen Standpunkt darzustellen und es wird eine Lösung angestrebt, mit der alle Beteiligten zufrieden sein können.

Als Zwischen- und Endbilanz können Eltern ihre Erfahrungen rückmelden. So können ein aktiver Austausch und aktive Beteiligung entstehen.

Die bisherigen Vorschläge zur Qualitätsentwicklung folgten demselben Prinzip. Die pädagogischen Fachleute analysieren und differenzieren ihre Arbeit, sie klären die eigenen Motivationen und werden sich selbst ihrer „Schubladen" bewusst, in denen sie denken und handeln.

Wir reflektieren uns:
Qualitätsentwicklung wird zu einer gemeinsamen Sache

Das letzte Beispiel zur Entwicklung von Standards in diesem Kapitel bringt andere Menschen ins Spiel: die Eltern. Das Beispiel zeigt eine Befragung von Eltern, die dem Team als Rückmeldung und damit als Grundlage für weitere Schritte dient.

Standards mithilfe einer Eltern-Befragung entwickeln

Liebe Eltern!

Das Team Ihrer Kindertagesstätte hat Interesse daran, die Betreuung Ihrer Kinder zur Zufriedenheit möglichst aller Beteiligten umzusetzen.

Die folgenden Fragen sollen helfen, Ihren Eindruck zusammenzufassen.

Bitte kreuzen Sie bei jeder Frage das Feld ☐ an, das Ihrer Meinung am ehesten entspricht.

Wenn Sie eine Frage nicht beantworten können, beispielsweise weil Sie der Inhalt nicht betrifft oder Sie die Frage nicht einschätzen können, streichen Sie die Frage bitte durch.

~~Wie zufrieden sind Sie mit dem Informationsmaterial über das Projekt?~~	sehr zufrieden ← ☐ ☐ → ☐ nicht zufrieden ☐

Geben Sie bitte Ihren ausgefüllten Bogen spätestens am 15. September in dem beigefügten Umschlag zurück!

Ihre Angaben unterliegen selbstverständlich dem Datenschutz, d. h. sie werden anonym und vertraulich behandelt. Wir bedanken uns bei Ihnen und werden bis Anfang November über die Ergebnisse öffentlich berichten.

Mit freundlichen Grüßen
Ihr Team

BOGEN NR. _____

Fragen zu unserem Angebot

1	Woher bekommen Sie Informationen über unsere pädagogische Arbeit? Bitte nennen Sie Ihre Informationsquellen.		
2	Ist das Konzeptionsmaterial verständlich?	ja ← ☐ ☐ → ☐ nein ☐	
2a	Wenn nein, warum nicht? Bitte nennen Sie Ihre Gründe.		
3	Wünschen Sie sich mehr Informationen in Form von Elternbriefen oder Broschüren?	ja ← ☐ ☐ → ☐ nein ☐	
4	Wünschen Sie sich mehr Informationen in Form von Veranstaltungen, wie z. B. Elternabenden?	ja ← ☐ ☐ → ☐ nein ☐	
5	Warum haben Sie für Ihr Kind gerade unsere Einrichtung ausgewählt? Bitte nennen Sie Ihre Gründe.		

Pädagogische Praxis

		ja	←	→	nein
6	Sind Sie mit dem Tagesablauf/Tagesrhythmus unserer Einrichtung zufrieden?	☐	☐	☐	☐
6a	Wenn nein, was wünschen Sie sich für Ihr Kind? Bitte nennen Sie Ihre Wünsche.				
7	Hätten Sie gerne mehr Möglichkeiten, sich mit anderen Eltern Ihrer Kindertageseinrichtung auszutauschen?	☐	☐	☐	☐
7a	Wenn ja, in welcher Form?				
8	Besucht Ihr Kind täglich die Kindertageseinrichtung?	☐	☐	☐	☐
8a	Wenn nein, warum nicht? Bitte nennen Sie Ihre Beweggründe.				

		Stunden
9	Wie viele Stunden verbringt Ihr Kind im Durchschnitt täglich in der Kindertageseinrichtung?	

		vormittags	nachmittags
10	Besucht Ihr Kind unsere Einrichtung eher vormittags oder nachmittags?	☐	☐

Zusätzlicher Bedarf der Familie

		ja	nein
11	Wird Ihr Kind neben der Kindertageseinrichtung und Ihnen anderweitig betreut, z. B. durch Tagesmutter oder Verwandte?	☐	☐
11a	Wenn ja, von wem … Bitte nennen Sie die Personen/Institution		

		morgens	mittags	abends
11b	und zu welchen Zeiten …	☐	☐	☐

Lernumgebung

		ja	←	→	nein
12	Gefällt Ihnen die Atmosphäre in unserer Kindertageseinrichtung?	☐	☐	☐	☐

		sehr gut	←	→	schlecht
13	Wie gefallen Ihnen die Räumlichkeiten der Kindertageseinrichtung insgesamt?	☐	☐	☐	☐
14	Wie zufrieden sind Sie mit der Anpassung der Spielbereiche und Spielsachen für unsere Kleinsten?	☐	☐	☐	☐
15	Wie gefällt Ihnen die Außenanlage?	☐	☐	☐	☐

Gestaltung der pädagogischen Arbeit

		ja	←	→	nein
16	Gibt es genügend Angebote, Aktivitäten und Projekte zu verschiedenen Themen?	☐	☐	☐	☐
17	Ist die Planung der pädagogischen Arbeit für Sie nachvollziehbar?	☐	☐	☐	☐
18	Wie gut sind Sie über den Alltag unserer Einrichtung informiert?	sehr gut ☐	☐	☐	schlecht ☐

Kooperation

		ja	←	→	nein
19	Findet ein gegenseitiger Austausch zwischen Eltern und Erzieher/-innen statt?	☐	☐	☐	☐
20	Empfinden Sie den Kontakt zwischen Eltern und Erzieher/-innen als ausreichend?	☐	☐	☐	☐
21	Können Sie Probleme offen ansprechen, Kritik üben, Verbesserungsvorschläge machen usw.	☐	☐	☐	☐
22	Fließen die Erlebnisse Ihres Kindes in der Kindertageseinrichtung in Ihren Familienalltag ein (berichtet es z. B. von Aktivitäten, singt Lieder, erzählt von Projekten)?	☐	☐	☐	☐

Ihre ergänzenden Anmerkungen

Vielen Dank für Ihre Antworten!

Entscheidungen und Entwicklungen hängen auch von den Partnern ab.

Die Antworten der Eltern werden vom Team sorgfältig ausgewertet und gemeinsam mit Elternvertreterinnen und Elternvertretern besprochen. Sie münden in neuen Zielen für den Qualitätsentwicklungsprozess.

Ein Konzeptionstext zur Erziehungspartnerschaft mit den Familien

Die Philosophie
Im Mittelpunkt unserer Arbeit steht Ihr Kind.
Wenn Ihr Kind zu uns kommt, kann es schon Einiges. Wir bauen darauf auf und geben ihm die Möglichkeit, seine Persönlichkeit weiterzuentwickeln.
Das Kind ist von Anfang an Person und wird als solche ganz angenommen, mit all seinen Stärken, Schwächen und Besonderheiten.
Als Familie sind Sie jederzeit in unserer Kindertageseinrichtung willkommen.

Eine gute Partnerschaft erfordert lebendige Zusammenarbeit, gegenseitigen Austausch und offene Kommunikation.

In unserer pädagogischen Arbeit berücksichtigen wir die altersentsprechende Entwicklung und fördern sie weiterhin in allen Lebensbereichen.

Wir wünschen uns eine enge und gute Zusammenarbeit.

Das bedeutet, dass alle an einem Strang ziehen!

Fachlichkeit und Haltung
Sie sind in unserer Einrichtung herzlich willkommen!

Wir freuen uns auf eine aktive Erziehungspartnerschaft, die Sie - als erste Experten für Ihr Kind - mit uns eingehen.

Wir begleiten, informieren, unterstützen und beraten Sie als Eltern so, dass Sie Vertrauen aufbauen können und sich bei uns wohlfühlen.

Sie haben die Möglichkeit, den Alltag Ihres Kindes in der Kindertageseinrichtung mitzuerleben.

Der regelmäßige fachliche Austausch mit Ihnen ist die Grundlage für eine optimale Entwicklung Ihres Kindes.

Wir beobachten und dokumentieren systematisch die Interessen und Entwicklungsfortschritte Ihres Kindes.

Für Ihre Fragen, Wünsche und Kritik sind wir jederzeit offen!

Verständigung bedeutet, die eigenen Philosophien zu klären, die Fachlichkeit und Haltung zu benennen und mit Beispielen aus der eigenen Praxis lebendig werden zu lassen.

Gesprächsformen und -inhalte
Wir pflegen den Kontakt mit Ihnen!

In einem ersten **Informationsgespräch** lernen Sie unsere Einrichtung mit ihrem Betreuungsangebot und ihren Schwerpunkten in der pädagogischen Arbeit kennen, damit Ihre Familie die für sie passende Kindertagesstätte finden kann.

Beim **Aufnahmegespräch** haben Sie die Möglichkeit, die Bezugserzieherin Ihres Kindes kennenzulernen und besprechen mit ihr die Lebenssituation Ihres Kindes und die Eingewöhnungszeit.

Im **Eingewöhnungsabschlussgespräch** tauschen wir uns mit Ihnen darüber aus, wie sich Ihr Kind in unserer Einrichtung eingelebt hat.

In regelmäßigen Abständen informieren wir Sie in **Entwicklungsstandsgesprächen** über die ganzheitliche Entwicklung Ihres Kindes.

Durch **Elternbriefe beziehungsweise persönliche Gespräche** informieren wir Sie über Ausflüge, Projekte, Förderungen und vieles mehr.

Bei den sogenannten **Tür- und Angelgesprächen** erhalten Sie Auskünfte über tägliche Begebenheiten.

Das **Abschlussgespräch**, das gegen Ende der Kindergartenzeit geführt wird, gibt einen Gesamtüberblick über die Entwicklung Ihres Kindes und unterstützt Sie bei Ihren Entscheidungen für seinen weiteren Lebensweg.

Erziehungspartnerschaft und Kooperationspraxis

Sie und wir - ein starkes Team!

Sie sind bei uns stets willkommen!

Wir schätzen Ihre Kompetenz als Eltern.

Wir nehmen Ihre Anregungen, Wünsche, Fragen und Probleme gerne an.

Wir nehmen Anteil an Ihrer familiären Situation, wenn Sie es wünschen.

Wir geben Ihnen die Möglichkeit, einen Kindergartentag mit Ihrem Kind zu erleben.

Wir führen gemeinsame Aktivitäten durch, zum Beispiel Ausflüge oder ein Elternfrühstück.

Wir bieten Ihnen regelmäßige Elterncafés und Treffen in der Krabbelgruppe an.

Wir bieten regelmäßige Elternsprechtage an.

Wir kooperieren mit Ihren Vertreterinnen und Vertretern – den Elternbeiräten.

Wir machen unsere Arbeit in einer Konzeption für Eltern transparent.

Wir tauschen uns mit Ihnen darüber aus, welche gemeinsamen Wege wir gehen, um Ihr Kind individuell zu fördern und zu unterstützen.

Checkliste für Sie als Eltern

Die partnerschaftliche Zusammenarbeit mit Eltern ist uns viel wert. Wir wünschen uns und erwarten eine rege Beteiligung durch:

- einen regelmäßigen Informationsaustausch
  - Elterngespräche
  - Elternabende
  - schriftliche Mitteilungen
  - spontane Kurzgespräche

- die Begleitung Ihres Kindes während der gesamten Kindergartenzeit
  - Zeit für Eingewöhnung
  - Hospitation
  - Interesse an Aktivitäten
  - Mithilfe bei Aktionen

- Ihre Mitwirkung
  - Teilnahme am Elternausschuss
  - Mitgestaltung im Jahresablauf unserer Kindertageseinrichtung

5 Entwicklung mit System: die eigene Praxis in Schwung halten

5.1 Der Gesamtprozess im Überblick

5.2 Die Auseinandersetzung mit den Leitmotiven des Bildungsplans

5.3 Strukturelle Veränderungen meistern: Die Integration von Kindern unter drei Jahren in die Kindertageseinrichtung

5.4 Dranbleiben und nach vorne blicken

5.5 Kontinuität im Qualitätsprozess

Dieses Kapitel beschreibt, wie ein Team über mehrere Jahre seine Qualitätsentwicklung umsetzt und den Qualitätsordner mit Leben füllt. Es zeigt, wie sich die von unserem Beispielteam selbst gewählten Qualitätsthemen und Themen, die von außen angestoßen werden, ergänzen. Im Alltag von Kindertagesstätten ist leider nie Zeit, um allen Inhalten ausnehmend gerecht zu werden. Mit einem überschaubaren System, das vor allem unnötigen Wiederholungen vorbeugt, gelingt ein Qualitätsprozess in jedem Haus.

5.1 Der Gesamtprozess im Überblick

Impuls

> **Unser Debattierclub tagt**
>
> Jeder Teamentwicklungsprozess braucht Zeit. Das ist klar! Aber haben Sie schon einmal mit meinem Team diskutiert? Drei reden immer, zwei nie. Eine weiß immer eine Antwort und eine muss sich bei jeder konkreten Frage erst einmal kundig machen. Die Erarbeitung einzelner Qualitätselemente bedeutet bei uns in erster Linie Teamsitzungszeit zu opfern. Es erscheint nämlich zunächst oft als „Opfer". Scheinbar wichtigere Inhalte müssen zurückstehen und das gebetsmühlenartige Durchkauen von Musterthemen ist schlicht und einfach langweilig.
>
> Unsere Leiterin will es allen recht machen, lässt uns erst einmal diskutieren und fasst Ergebnisse nur äußerst ungern konkret zusammen. Wir arbeiten seit sechs Jahren an der Konzeption. Bis ich in Rente gehe, in siebzehn Jahren, ist sie vielleicht fertig.
>
> Nicht selten gehen wir erst um zehn Uhr aus der Teamsitzung, zehn Uhr abends, wohlgemerkt. Da muss sich etwas ändern, sonst platze ich.

Mit ein wenig Struktur und einem überschaubaren Herangehen kann jedes Team seine Entwicklungsprozesse zu einem positiven fachlichen Erlebnis machen. Zuerst ist ein Zeitrahmen festzulegen. Das Gefühl, dass nicht alles auf einmal geklärt werden muss, ist ganz entscheidend.

Merke:
Der Gesamtprozess wird in kleinere Abschnitte aufgeteilt, die überschaubar und leistbar sind. Die Abschnitte ergeben einen Kreislauf der fachlichen Weiterentwicklung: Informieren, (Vor-)Entscheiden, Erproben, Reflektieren und Entscheiden, (neu) Informieren usw.

Zu jedem Inhalt brauchen die Beteiligten Informationen. Natürlich kann jede Kollegin und jeder Kollege eingangs unterschiedliche Informationen haben. Im ersten Arbeitsschritt müssen aber alle auf denselben Informationsstand kommen.
Manchmal bringen Kolleginnen und Kollegen Berichte aus verschiedenen Seminaren und Weiterbildungen ein. Sie benötigen dann ausreichend Zeit, allen davon zu berichten. In vielen Teams hat es sich bewährt, zentrale Themen gemeinsam zu erarbeiten, beispielsweise in einer Teamfortbildung. Wenn alle im Team einen Informationsstand haben, ist das der Ausgangspunkt für die ersten Entscheidungen.

> Geplatzt bin ich noch nicht, aber stellen Sie sich vor: Nach vier Teamsitzungen, das sind netto fünfzehn Stunden Redezeit, hatten wir entschieden, ein Kinderbistro im Flur einzurichten. Endlich ist das geklärt. Die Tische werden umgestellt, ein Einsatzplan für die Erzieherinnen ist fertig und die Kinder werden nächste Woche informiert.
> Das Bistro bleibt jetzt aber! Ich habe keine Lust, in zwei Monaten schon wieder in diese Endlosdiskussion einzusteigen.

Impuls

Auch eine Entscheidung, die ausführlich überdacht ist, kann in pädagogischen Handlungsfeldern nicht unbesehen für alle Ewigkeit Gültigkeit haben. Jedes Team ist gut beraten, wenn es eine Erprobungsphase verabredet, während der alle Beteiligten ernsthaft an der Umsetzung der Idee arbeiten und an deren Ende die Option steht, noch Änderungen vorzunehmen oder die Idee wieder fallen zu lassen.

Erproben heißt, eine Idee konsequent über einen sinnvollen Zeitraum hinweg umzusetzen. Das ist kein wildes Experimentieren, da die Ziele und Umsetzungsschritte gut geplant sind. Allerdings zeigt erst der Alltag, ob die Vorüberlegungen stimmig sind und ob die Zielgruppe, die Kinder, mit ihren Wünschen und Bedürfnissen erreicht wird.

> Diese Idee mit den gruppenübergreifenden Projekten habe ich gut gefunden. Meine Vorstellungen dazu, wie die Umsetzung aussehen könnte, waren vor der Erprobungsphase sehr vage. Ich hatte sogar ein bisschen Angst, ob das gut gehen kann. Nach den ersten sechs Wochen und vor allem nach der Reflexionssitzung gestern bin ich begeistert. Die Kinder haben sehr viel mitgenommen und wir Erwachsenen konnten auch für uns spannende Lernprozesse gestalten, wie sie vorher nicht möglich waren.

Impuls

Zum Abschluss jeder Qualitätsentwicklungsphase werden der Erprobungszeitraum reflektiert und weiterreichende Entscheidungen festgelegt. Jetzt kann ein längerer Zeitraum ins Auge gefasst werden, in dem die Qualität greifbar und konkret den roten Faden liefert.

Impuls

> Ich fühle mich in meinem Beruf unter anderem deshalb so wohl, weil ich das Gefühl habe, mich immer weiterentwickeln zu können. Die Festlegung unserer Standards zur gruppenübergreifenden Praxis gibt mir Sicherheit und Orientierung. In drei oder vier Jahren werden die meisten Kinder, die jetzt in meiner Gruppe sind, die Kita verlassen haben. Dann sprechen wir im Team noch einmal darüber, ob unsere heute entschiedene Praxis für die neuen Kinder immer noch passt. Falls es wichtig erscheint, entwickeln wir dann einen weiteren Konzeptbaustein.

Die typischen Qualitätsentwicklungen lassen sich gut an einem Zeitplan darstellen. Die Inhalte oder die Reihenfolge der Themen sind austauschbar, die Struktur bleibt ein Leitfaden.

Zeitraum	Schwerpunkte	Anmerkungen
2007	Auseinandersetzung mit den Leitmotiven des Bildungsplans: – Leitgedanken analysieren und interpretieren – Standortbestimmung = Analyse der Situation in der Kindertageseinrichtung – Planungsformen und Alltagsgestaltung – Beobachtung und Dokumentation der Entwicklung von Kindern	Dort, wo ein Bildungsplan neue Impulse bringt, ist die grundsätzliche Auseinandersetzung mit pädagogischen Leitmotiven, Zielsetzungen und allgemeinen Arbeitsformen sinnvoll.
2008	Integration von Kindern unter drei Jahren in die Kindertageseinrichtung: – Konsequenzen für den Alltag, z. B. in Bezug auf Gruppenstrukturen und pädagogische Impulse – Auswirkungen auf die Räume	Einige Änderungen wirken sich gravierender aus als andere. Die Erweiterung des Angebots oder die Einbindung spezieller Programme sind typische Beispiele dafür.
2009	Reflexion der Altersmischung in unserem Haus: – Vor- und Nachteile der altersgemischten Gruppen – die Arbeit mit Kindern im Übergang zur Grundschule – die Arbeit mit Kindern im Schulalter Besonders wichtig: Umbau und Renovierung der Kindertageseinrichtung Ende 2008 und Anfang 2009	Nach einiger Zeit werden einmal getroffene Absprachen unter Umständen immer verschwommener. Die Zusammenhänge zwischen einzelnen Aspekten der Qualitätsentwicklung werden deutlich, wenn sie regelmäßig thematisiert werden.
2010	Differenzierung der pädagogischen Arbeit anhand des Bildungsplans: – Lernformen und Lerngelegenheiten weiter entwickeln – naturwissenschaftliche und mathematische Lernprozesse ausbauen – Raumkonzept aktualisieren	Qualitätsentwicklung hört sich nicht nur gewichtig an, sondern vermittelt gerne den Eindruck, dass große Schritte gegangen werden müssen. In der Wirklichkeit von Kindertageseinrichtungen sind es aber oft die kleinen Entwicklungsschritte, die geringfügigen Veränderungen, die große Wirkung haben. Ab und zu lohnt es sich, als Team Zeit dafür zu investieren.

5.2 Die Auseinandersetzung mit den Leitmotiven des Bildungsplans

> In unserem Teamseminar war die Rede davon, dass ein Kind seine eigene Entwicklung bestimmt. Wir haben uns gefragt, was das für unsere Praxis bedeutet. Nebenbei war die Frage aufgekommen, ob dieser Ansatz überhaupt stimmen kann. Dass Kinder keine leeren Blätter sind, die von Erwachsenen beschrieben werden, ist ja klar. Wissen das die Eltern eigentlich auch? Neulich ist eines unserer Kinder, ein vierjähriges Mädchen, mit einem T-Shirt gekommen, auf dem zu lesen war: Abi 2015! War das nur ein Gag oder steckt vielleicht mehr dahinter?

Impuls

Die Analyse aktueller pädagogischer Paradigmen[1] ermöglicht eine Einordnung der fachlichen und persönlichen Meinungen in einem Team. Während Wissenschaftlerinnen und Wissenschaftler um Objektivität und Allgemeingültigkeit ihrer Aussagen bemüht sind, dürfen und müssen Fachleute in der Praxis Position beziehen. Auch abstrakte Aussagen werden in einem Kindergartenteam sinnvollerweise auf die Praxis heruntergebrochen.

Leitgedanken analysieren und interpretieren

Aus verschiedenen Forschungsquellen hat unser Beispielteam erfahren, dass sich Kinder nicht von selbst bilden. Begriffe wie Metakognition, Lernkompetenz, implizites Wissen oder nicht privilegierte Wissensdomänen wurden gesammelt und anhand der Quellen interpretiert. Daraus formuliert das Team Leitgedanken.

Ideen und Impulse aufgreifen

---

[1] *Paradigmen sind allgemeine Denkmuster, die aus wissenschaftlichen Perspektive und gesellschaftlichen Tendenzen entstehen.*

Leitgedanke: Wir wollen den Kindern auch etwas zumuten

Von Kindern etwas einfordern bedeutet für uns, dass es einen Grundstock an Erfahrungsmöglichkeiten gibt. Jeder Mensch kennt die Situation, dass er etwas nicht will, dennoch mitmacht und dann positive Erfahrungen macht. Das hat nichts mit Zwang oder Erpressung zu tun. Gleichzeitig ist es notwendig, Ziele zu finden und zu verfolgen. Die Ziele für ein einzelnes Kind können sich entwickeln und haben nicht unbedingt etwas mit Produkten zu tun.

Ein Grundrahmen gibt Sicherheit, denn ohne Fundament kann ich kein Haus bauen.

Kinder brauchen Hilfestellungen, konkrete Tipps und Impulse, um zunehmend selbstständig werden zu können.

- Ist diese Praxis für uns denkbar?

    „Eine Woche Selbstbestimmung und dann wird wieder gemacht, was wir sagen"

    Ja! In zwei Schritten stellen wir uns eine Entwicklung vor:

    — A: Jüngere Kinder bekommen zunächst mehr Freiheiten im Alltag und werden später mit Strukturen bekannt gemacht

    oder

    — B: Jüngere Kinder bekommen Strukturen, die sie als ältere Kinder mit Freiraum umsetzen.

- Ist es uns wichtig, dass jedes Kind dieselben Prozesse miterlebt?

    Nein! Lernprozesse verzweigen sich, indem kleinere Interessensgruppen gemeinsam aktiv werden.

Lernprozesse entwickeln sich – Das Beispiel: Wald.

Kinder erforschen die Umgebung.

Am selben Ort werden verschiedene Ideen entwickelt. Mit entsprechendem Material und in kleinen Gruppierungen gehen die Kinder den Ideen weiter nach: eine Gruppe ist am Baum, eine Gruppe am Bach, eine Gruppe an der Weide.

Ein im Vorfeld geplantes Programm ist nicht zwingend notwendig.

Die entstehenden Lernprozesse führen einzelne Kinder an ihre individuellen Grenzen. Es spielt sicher eine Rolle, was die beteiligten Erwachsenen und die Kinder aushalten können:

Im Wald gibt es beispielsweise keine Toilette, die Kinder erproben ihre Kräfte und machen sich schmutzig.

Der Erfolg der individuellen Lernprozesse hängt von der Motivation des Kindes ab und es kommt darauf an, was das Kind - meines Wissens - kann.

Entscheidungen treffen

> **Lernprozesse werden angestoßen...**
> **...und zielen nicht sofort auf ein Ergebnis oder die Lösung ab.**
>
> **Mit Lernprozessen sind konkrete Ziele verbunden – Das Beispiel: Kinder gehen mit selbst gemachter Knete um.**
>
> *Wenn die Kinder nur auf der Knete herumhauen, ist das ein Zeichen von Unzufriedenheit.*
> *Sobald ein Kind erlebt, dass etwas entsteht, das auch andere erkennen können, wird der Prozess „erfolgreicher".*
> *Es ist wichtig, die Entwicklungsstufe des Kindes zu berücksichtigen:*
> *Ein Sechsjähriger sollte schon eine Vorstellung davon haben, wie er mit der Knete ein Tier künstlerisch gestalten kann.*
>
> **Erwachsene bieten Lernsituationen an**
>
> *Ich rege Kinder an, nach einer Bauvorlage eine Burg zu bauen, um eine Vorstellung davon zu bekommen, was alles zu einer Burg gehört.*
> *Andere Lernprozesse „zwingen" die Kinder, sich mit bestimmten Ansprüchen auseinanderzusetzen:*
> *Große Kartons regen die Kinder an, eine Burg mit typischen Elementen zu bauen, die darüber hinaus stabil ist.*
> *Ein Detail: Ist es möglich, dass das entstandene Bauwerk eine Zeit lang im Baubereich stehen bleibt?*
> *Diese Frage werden wir in den nächsten Wochen praktisch klären.*

Entwicklungen erproben

Standortbestimmung: Analyse der Situation in der Kindertageseinrichtung

> „Die Kinder, die heute in unseren Kindergarten kommen, sind anders als diejenigen, die vor zehn Jahren kamen." Dieser Satz hat mich aufhören lassen. Eine Kollegin aus einem Nachbarort hatte ihn auf der Tagung „Kinder unter Drei" ausgesprochen. Ich dachte noch: „Natürlich! Vor zehn Jahren hatten wir auch noch keine Zweijährigen im Haus." Darum ging es aber nicht. In unserem Gespräch, bei dem sich nach und nach immer mehr Tagungsgäste beteiligten, wurde eher betont, dass die Kinder aus ihrer familiären Sozialisation heute anderes mitbringen als früher: sie spielen anders, sie gehen anders mit anderen um, sie sprechen anders... Ist das nur Einbildung?

Impuls

Wer längere Zeit in einer Kindertageseinrichtung tätig ist, nimmt viele Bedingungen als selbstverständlich wahr. Im Rückblick oder Vergleich zwischen Einrichtungen stellt sich heraus, dass die Strukturen nicht immer gleich bleiben.

Die Anforderungen an die Praxis werden vor allem durch die Hintergründe der Kinder und ihrer Familien bestimmt. Ein Team sollte die Familiensituationen wertfrei analysieren, aus denen die Kinder kommen. Der Auftrag, die Familie zu ergänzen,

Wir reflektieren unseren Auftrag.

kann je nach Situation unterschiedlich interpretiert werden: Was erleben die Kinder in ihren Familien und wie können wir darauf aufbauen? Was findet in den Familien nicht statt, was wir gut umsetzen können? Wie können wir gemeinsame Ansätze finden und uns ergänzen?

Elternerwartungen

Regelmäßige Elternbefragungen oder sorgfältige Sammlungen des Teams verdichten den Eindruck von dem, was den Familien wichtig ist.
Eltern erwarten weder, dass ihr Kind täglich sichtbare Ergebnisse vorweist noch dass wir unsere Arbeit auf Basteln reduzieren. Sie erwarten, dass wir dafür Sorge tragen, dass sich ihr Kind altersgemäß entwickelt.

Erfahrungen der Kinder in ihren Familien

In einem Einzugsgebiet gibt es wahrscheinlich Tendenzen innerhalb der Familiensituationen. Niemals werden alle Familien gleich sein, dennoch trägt eine Analyse dazu bei, die Kinder in ihrer Entwicklung zu unterstützen. Leitfragen:

- Welche Möglichkeiten in der Umgebung erleben die Kinder mit ihrer Familie (Wald, Spielplätze, Museen, Vereine usw.)?
- Welche Wohnsituationen erleben die Kinder?
- Welche Kontakte pflegen die Familien für ihre Kinder (Freundschaften aus dem Kindergarten, Nachbarschaft, Großeltern usw.)?
- Was wissen wir über die Erziehungseinstellungen der Eltern?

Bedürfnisse der Eltern

Eltern haben eigene Bedürfnisse, die an die Kindertagesstätte herangetragen werden. Die Sammlung hierzu sollte mindestens zwei Aspekte beinhalten:

- Welcher Beratungsbedarf begegnet uns (Erziehungsfragen, Unterstützung bei Entscheidungen usw.)?
- Welche Aktivitäten wünschen Eltern für sich selbst (Begegnung mit anderen Eltern, Bildungsangebote usw.)?

Planungsformen und Alltagsgestaltung

Impuls

> Es ist wieder Freitag! Schade eigentlich. Seit wir den Tages- und Wochenrhythmus umgestellt haben, komme ich noch lieber zur Arbeit und das Wochenende stört schon fast. Die Kinder, die Kolleginnen und ich selbst haben so viele Ideen, die noch umgesetzt werden könnten.
> Am Montag, im Morgenkreis, kommen aber sicher noch mehr neue Ideen dazu!

Dieser Abschnitt thematisiert den Fachaspekt Planung, der in den Kapiteln 4.1 und 4.2 aufgefächert wurde, noch einmal anhand des Beispielteams. Sie können erkennen, dass manche Inhalte in Teamprozessen mehrfach auftauchen. Es handelt sich dann nicht unbedingt um eine reine Wiederholung, sondern um die Fortschreibung vorangegangener Vereinbarungen in weiteren Zusammenhängen beziehungsweise aus weiteren Blickwinkeln heraus.

Ausgangssituation: Die Analyse der aktuellen Situation

Der Schwerpunkt der Lernsituationen und der Alltagselemente wie Essen und Schlafen, die wir mit den Kindern gestalten, liegt derzeit in den Gruppen. Es ist geplant, mehr gruppenübergreifende Lerngelegenheiten zu schaffen. Spätestens im nächsten Kindergartenjahr wird das notwendig, da dann erstmals Kinder unter drei Jahren aufgenommen werden. Gruppenübergreifendes Arbeiten wollen wir mithilfe von Projekten umsetzen.

Impulse:
Der aktuelle Arbeitsansatz wird klar benannt.

Das Lernen in Projektform bedeutet für uns,

- mit einer festen altershomogenen Lerngruppe an einem Inhalt längere Zeit dran zu bleiben.
- dass ein Kind ein Projekt in der Regel zu Ende führt.
- mit den Kindern Alltägliches zu entdecken.
- dass die Kinder alters- und entwicklungsgerechte Lernprozesse erleben.
- dass Kinder nach und nach lernen, mitzuentscheiden und mitzuplanen.
- dass in der Projektphase im Freispiel sehr wertvolle und individuelle Lernprozesse stattfinden.

Informieren:
Die neue Planungsform wird theoretisch umrissen.

Die Aktivitäten mit den Kindern können durchaus an den Schwerpunkten der einzelnen Kolleginnen festgemacht werden:

- „Ich setze Inhalte um, die mir besonders liegen" und/oder
- „Ich arbeite mit Altersgruppen, die mir besonders liegen".

(Vor-)Entscheiden:
Varianten werden durchdacht und festgehalten.

1. Variante:
Aktivitäten und Projekte für fünf- bis sechsjährige Kinder sind bereits Alltagspraxis.
Projekte für Vier- bis Fünfjährige werden als gruppenübergreifende Projekttage geplant.
Projekte für Zwei- bis Dreijährige werden als gruppenübergreifende Projekttage geplant.
Konsequenz wäre: Aktivitäten in den Gruppen werden in dieser Zeit ausgesetzt.

2. Variante:

Projekte für Zwei- bis Sechsjährige werden gruppenintern umgesetzt. Konsequenz wäre: Schulanfängeraktivitäten werden in dieser Zeit ausgesetzt.

Praktische Konsequenzen werden durchdacht und festgehalten.

Organisationsformen

Eine gruppenübergreifende Projektphase kann eine bis mehrere Wochen dauern oder eine Woche pro Monat wird als Projektwoche gestaltet.

Zusammensetzung der Lerngruppen

Die Projektgruppen sind jeweils altershomogen (entwicklungshomogen) und werden von den Erzieherinnen zusammengestellt oder
ein Kind entscheidet selbst, an welchem Projekt es teilnimmt.

Absprachen werden getroffen.

Wichtig:
Während der Projektphase finden keine anderen speziellen Lernangebote statt!

Wichtig:
Der Alltag (Frühstück, Morgenkreis, Geburtstag) findet in der Projektgruppe statt.

Wichtig:
Die Projekte müssen nicht unbedingt zu „sichtbaren Ergebnissen" führen. Eine Projektdokumentation ist deshalb besonders empfehlenswert.

Ansätze zur Veränderung

Die Erprobungsphase

Ein Teil unseres Teams setzt eine methodisch festgelegte Projektphase um. Die Erfahrungen werden dokumentiert und im Gesamtteam diskutiert.

Entwicklungen erproben: Das Team entscheidet über eine Erprobungsphase.

Nach der Erprobung steht fest: Die Methoden werden abgewechselt

In der Regel werden in der ersten Hälfte des Kindergartenjahres Projekte eher von uns Fachleuten gelenkt. Wir nehmen Einfluss darauf, wie sich die Projektgruppen zusammensetzen. Die Entwicklung und das Alter der Kinder spielen bei der Zusammensetzung der Lerngruppen eine Rolle.
Die zweite Hälfte des Kindergartenjahres wird eher in gruppenübergreifenden Projekten organisiert. Grundsätzlich finden einzelne Projekte auch außerhalb des Hauses statt.

Wir stellen den Eltern die neue Planungsform vor, beispielsweise als Flyer.

Die Methoden sind abwechslungsreich

In der Regel werden in der ersten Hälfte des Kindergartenjahres Projekte eher von uns als Fachleute gelenkt. Wir nehmen Einfluss darauf, wie sich die Projektgruppen zusammensetzen. Die Entwicklung und das Alter der Kinder spielen bei der Zusammensetzung der Lerngruppen eine Rolle.

Die zweite Hälfte des Kindergartenjahres wird eher in gruppenübergreifenden Projekten organisiert. Grundsätzlich finden einzelne Projekte auch außerhalb des Hauses statt.

Herbst & Winter

Im Herbst und Winter finden gruppenübergreifende Aktivitäten in Form einzelner Beschäftigungen, AGs oder Workshops statt. Freies und gemeinsames Frühstück, Geburtstage und Turntage sind selbstverständliche Bausteine unseres Alltags.

Ansatz im Projekt: Lernprozesse werden eher von Erwachsenen gelenkt …

Der tägliche Morgenkreis ist ein fester Bestandteil unserer pädagogischen Arbeit. In der Gruppe kommen wir ins Gespräch, tauschen Informationen aus und achten auf Gesprächsregeln.

Wir hören heraus, was die Kinder interessiert und organisieren kleine übergreifende Gruppen, die sich während der Projektphase wöchentlich treffen. Jede Woche arbeiten wir an den Projektinhalten bis zu drei Tage weiter.

In den Workshops, AGs oder Beschäftigungen kommen je nach Inhalt acht bis fünfzehn Kinder zusammen.

Die Kinder, die im kommenden Schuljahr eingeschult werden, bekommen jeweils ab Oktober in einer übergreifenden Gruppe regelmäßig ganzheitliche Lernangebote. Die speziellen Aktivitäten für „Schulanfänger" orientieren sich vor allem an den Bildungs- und Entwicklungsfeldern Körper & Bewegung, Sprache & Denken.

Im Frühling und Sommer fesselt und beschäftigt ein Projektthema die Kinder und Erwachsenen über mehrere Wochen …

Und das Besondere ist: Die Lernprozesse werden von den Erzieherinnen und den Kindern gemeinsam geplant und umgesetzt. Die Projektinhalte können leicht alle anderen anstecken und den Alltag der Gruppe bereichern. Die Gruppe erleben die Kinder weiter beim Frühstück, den Geburtstagen und den Turntagen.

Der Ansatz im Projekt: Inhalte entwickeln sich beim Tun …

Der tägliche Morgenkreis ist auch hier ein fester Bestandteil.

In der Regel sind die Kinder in überschaubaren, kleinen Gruppen aktiv.

Die Erzieherinnen setzen Impulse, beispielsweise durch Gespräche mit den Kindern oder durch Anregungen, die zum Geschehen passen. Ab und zu steigen wir mit einer gezielten Beschäftigung, z. B. mit einer Geschichte oder einem Buch, ein.

Frühling & Sommer

Im Projektverlauf wird darauf geachtet, dass wir nicht vorschnell Vorgaben machen, wo Kinder auch gut selbst drauf kommen könnten!

Die „Großen" sind an den Projekten besonders aktiv beteiligt. Sie planen mit.

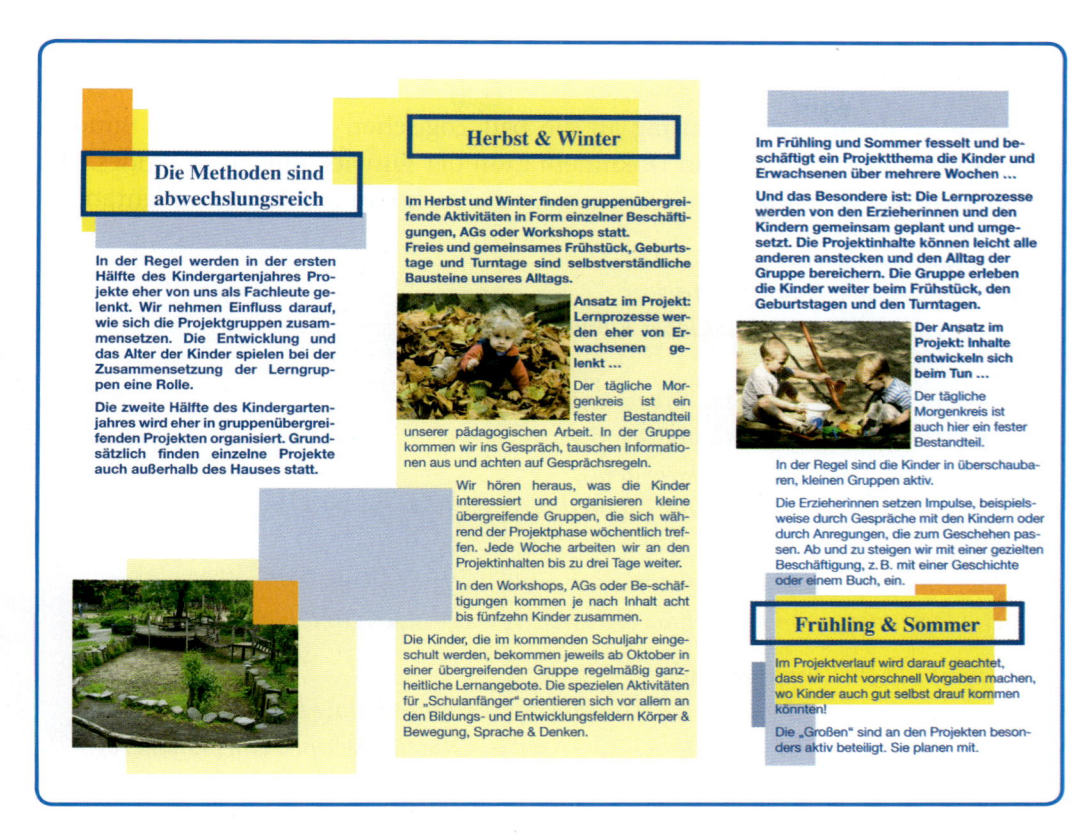

Qualitätsschritte, die Veränderungen mit sich bringen, werden Eltern nahegebracht.

Eltern wünschen sich für ihr Kind das Beste. Die Vorstellungen, was für Kinder gut ist, sind allerdings unterschiedlich. Eigene Kindheitserinnerungen und allgemeine Vorstellungen von Kindertageseinrichtungen prägen das Bild von der pädagogischen Arbeit, bis neue Erfahrungen mit der Kindertagesstätte entstehen. Eine Informationsbroschüre macht greifbar, wie mit den Kindern gearbeitet wird und ist vor allem dann hilfreich, wenn sich die Ziele und anschauliche Beispiele ergänzen.

Reflektieren, Entscheiden und sich verständigen: Ein Konsens oder Kompromisse werden herausgearbeitet.

Beobachtung und Dokumentation der Entwicklung von Kindern

In der Teamsitzung, die wir zur Reflexion der Projektphase genutzt haben, war ich ungewöhnlich still. Mir ging der Gedanke nicht aus dem Kopf, dass die vereinbarten Änderungen in unserem Planungsrhythmus noch ganz andere Veränderungen mit sich bringen. Elife, die noch ganz frisch aus der Ausbildung kommt, meinte: „Wir haben in der Schule gelernt, dass die Kinder die Projekte selbst mit dokumentieren sollen. Das war im Zusammenhang mit Metakognition und Partizipation erklärt worden." Ich stutzte und meine Gedanken schweiften ab: „Die Worte sagen mir zwar etwas, aber was bedeuten sie genau?" Christiane wiegelte ab: „Diese Theorien sind gut für die Schule, uns helfen sie jetzt nicht weiter!" „Das sehe ich anders", mischte sich Waltraud ein, „unser Bildungsplan fordert uns ja förmlich auf, solche Theorien in den Alltag zu übertragen. Ich fände besonders wichtig, dass wir unsere Beobachtungsbögen anschauen. Die kann ich in den Projektphasen nämlich nicht ausfüllen. Wir hatten während des Projekts ein Entwicklungsgespräch und waren nicht ganz sicher, was Torben kann, denn er war nicht in unserer Projektgruppe."

Impuls

Material sichten und bewerten

Der wohl „verbindlichste" Auftrag an die pädagogischen Fachleute aller Bundesländer ist die Beobachtung und Dokumentation der Entwicklung eines Kindes. Die Bildungspläne benennen sowohl Grundsätze als auch Formen der Dokumentation:

Impulse erkennen

> **Grundsätze der Dokumentation**
> *Bei der Dokumentation kindlicher Entwicklung sind folgende Grundsätze zu beachten:*
> - *Es wird für jedes Kind eine Dokumentation angelegt.*
> - *Sie erfolgt gezielt und regelmäßig, d.h. nicht nur anlassbezogen (etwa, wenn die Einschulung eines Kindes bevorsteht).*
> - *Die Dokumentation ist inhaltlich breit angelegt und gibt Einblick in zentrale Entwicklungs- und Lernfelder.*
> - *Innerhalb einer Einrichtung gibt es ein einheitliches Dokumentationsschema.*
> - *Die Dokumentation bezieht die Sichtweisen von Kindern und Eltern ein.*
>
> **Formen der Dokumentation**
> *Um der Vielschichtigkeit und der Komplexität der Entwicklung und des Lernens von Kindern einerseits und der Unterschiedlichkeit der Nutzungsebenen einer kindbezogenen Dokumentation andererseits gerecht zu werden, ist es wichtig, bei der Dokumentation unterschiedliche Methoden zu nutzen. In der Zusammenschau lässt sich ein umfassendes und tragfähiges Bild von der Entwicklung und dem Lernen eines Kindes gewinnen. Die Auswahl von Methoden hat dem jeweils aktuellen Forschungsstand Rechnung zu tragen. Im Einzelnen sollen bei jedem Kind die folgenden vier Ebenen berücksichtigt werden:*
> - *Ergebnisse kindlicher Aktivitäten (z. B. Zeichnungen, Fotos)*
> - *Gedanken/Aussagen von Kindern, Aufzeichnungen von Gesprächen mit Kindern*
> - *freie Beobachtungen*
> - *strukturierte Formen der Beobachtung bzw. Einschätzung, d. h. Bögen mit standardisierten Frage- und Antwortmustern*
>
> Quelle: Hessisches Sozialministerium/Hessisches Kultusministerium: Bildung von Anfang an. Bildungs- und Erziehungsplan für Kinder von 0 bis 10 Jahren in Hessen, 2005, S. 121

Informieren: Das Gesamtteam tauscht sich mit bekannten Fachvorschlägen aus

Die Vorschläge, wie die Entwicklung von Kindern von der Geburt bis zum Schuleintritt dokumentiert werden kann, sind sehr zahlreich. Jedes Team wird bei der Beantwortung der folgenden Fragen feststellen, dass einige Elemente im Alltag bereits angewendet werden:

- Wie berücksichtigen wir den Entwicklungsstand, die Entwicklungsfortschritte oder die Entwicklungsverzögerungen eines Kindes?

- Wie dokumentieren wir die Entwicklung für das Kind selbst, für seine Eltern und für uns als Fachleute?

- Welche Bedeutung haben einzelne Methoden wie Entwicklungstabellen, Einschätzungsskalen oder Portfolioelemente für die Teammitglieder?

Ein eigenes System finden

Jedes Team sollte einen Beobachtungs- und Dokumentationsbaukasten[1] zusammenstellen. Vor der Erprobung werden sowohl inhaltliche als auch praktische Aspekte in Erwägung gezogen:

- Was ist uns wichtig und was wollen wir einem Kind mitgeben?
- Wie lassen sich die verschiedenen Entwicklungsaspekte gut dokumentieren?
- Gibt es Methoden, die uns besonders ansprechen, z. B. Entwicklungsgeschichten, einzelne Portfolioelemente mit Kindern erarbeiten oder Einschätzungsbögen, aus denen sich pädagogische Ideen für das Kind ableiten lassen?
- Welchen zeitlichen Aufwand erwarten wir bei den einzelnen Elementen?

(Vor-)Entscheiden: Aus den Vorschlägen wird eine Auswahl getroffen

Das Material erproben

Die Qualität des eigenen Beobachtungs- und Dokumentationssystems lässt sich mithilfe von Leitfragen klären:

- Ist der Entwicklungsstand eines Kindes realistisch abzubilden?
- Sind die Formulierungen in den Dokumenten so gewählt, dass sie für die Kinder, die Eltern und uns eindeutig und nachvollziehbar sind?
- Sind einzelne Elemente nicht sinnvoll und sollten herausgenommen werden?
- Ist das Material praktisch handhabbar und für alle Beteiligten alltagstauglich?

Entwicklungen erproben: Die Umsetzung des Materials wird von allen Teammitgliedern erprobt

---

[1] Dieser Prozess ist ausführlich beschrieben in: Dennig, Thomas, Schritt für Schritt zur eigenen Beobachtung und Dokumentation, Troisdorf, Bildungsverlag EINS, 2007, S. 25

Reflektieren und Entscheiden: Die Auswahl der erfolgreichen Elemente führt zu einem eigenen System.

Verfahrenshinweise festlegen

Abschließend legt das Team die eigenen Verfahrensweisen fest. Dies sieht bei unserem Beispielteam so aus:

Allgemeine Absprachen trifft das Team zuerst

Als Basisinstrument verwenden wir unsere Zusammenfassung der Entwicklungsbeobachtungen.

Bevor die Einschätzung in den Bögen festgehalten wird, wird **Zeit für freie Beobachtung** eingeplant.

Bei allen Kriterien denken wir grundsätzlich „altersgemäß" mit.

Als Orientierung verwenden wir bei Bedarf zusätzliche Instrumente, z. B. Grenzsteine der Entwicklung.

Das beobachtbare Verhalten wird zusätzlich reflektiert mit Blick auf vertraute Erwachsene/Kinder und Erwachsene/Kinder im weiteren Kreis.

Detaillierte Vereinbarungen zur Anwendung folgen

Die **Fragen zur „Lebenspraxis"** werden **jährlich** für jedes und mit jedem Kind bearbeitet. Wir füllen den Einschätzungsbogen aus und führen mit jedem Kind ein Gespräch über sein **Selbstbild**, das mit der Kopiervorlage aus unserem Teamordner: „Das kann ich schon und das möchte ich noch lernen" festgehalten und in den Portfolioordner des Kindes eingeheftet wird.

Es ist grundsätzlich denkbar, dass **nicht immer alle Materialien** für jedes Kind bearbeitet werden.

Sollte das beobachtbare Verhalten insgesamt den **Erwartungen entsprechen**, aber für das Kind **dennoch Förderung angemessen** erscheinen, wird dies im Bogen mit einem **Ausrufezeichen (!)** gekennzeichnet.

Anmerkung zu den Kategorien Selbstporträt und Selbsteinschätzung:

Die Gesprächssituation ist für Kinder teilweise schwierig. Sollten direkte Fragen sehr zurückhaltend beantwortet werden, ist ein *Gespräch mit mehreren Kindern möglich*.

Leitgedanken sind: Wie siehst Du dich? Gefällst Du dir?

Aussagen der Kinder werden festgehalten (Prozess beschreiben, Spaß am Selbstporträt, Intensität, Ausdauer).

Die Interpretation des Materials und die Förderung, die ggf. folgen, werden zuletzt ausgemacht:

Wenn ein Kind in der **Hälfte der Kriterien** einer Kategorie auffällt, setzen wir zusätzliche **Förderung im Haus** um.

Wenn ein Kind in **acht von zehn der Kriterien** einer Kategorie auffällt, bahnen wir **therapeutische Unterstützung** an.

Bei besonderen Entwicklungsaspekten, z. B. Sprechfehlern, wird sofort therapeutische Unterstützung angebahnt.

Für jedes Kind wird **ein tabellarischer Förderplan** angelegt, in dem notiert wird, welche Ziele in welchem Zeitraum erreicht werden sollen.

Der Förderplan dient auch *zur Planung der Aktivitäten* mit mehreren Kindern: Freispiel, Angebote, Projekte usw.

5.3 Strukturelle Veränderungen meistern: Die Integration von Kindern unter drei Jahren in die Kindertageseinrichtung

Impuls

Haben Sie schon einmal eine unpopuläre Meinung in Ihrem Team vertreten?

„Kleine Kinder gehören nicht in den Kindergarten!" Peng! Die Augen aller waren auf Jana gerichtet. Sie saß ganz aufrecht auf ihrem Stuhl und blickte energisch in die Runde, so als wolle sie sagen: „Da staunt ihr aber!" Unsere liebe und erfahrene Kollegin zeichnete sich ansonsten dadurch aus, dass sie eher still und zurückhaltend war. Heute, wo unsere Leiterin bekannt gibt, dass der Träger mit der Stadtverwaltung vereinbart hat, dass wir Kinder unter drei Jahren aufnehmen und das auch schon im nächsten Kindergartenjahr, überrascht uns Jana. Die anschließende Diskussion war sachlich, hitzig, energisch und dann wieder ruhiger. So lebendig habe ich unser Team schon lange nicht mehr erlebt.

Ideen aufnehmen

„Wenn wir die Kleinen nicht aufnehmen, wird wohl eine Gruppe wegfallen und damit auch ein Teil unserer Stellen." „Der Bedarf an Betreuungsplätzen ist doch da, die Familien brauchen uns. Seht doch, wie viele Alleinerziehende darauf angewiesen sind, ihr Kind gut betreuen zu lassen. Kein Job ohne Kindertagesstättenplatz, kein Platz ohne einen Job. Da dreht man sich ja im Kreis." „In einem Artikel zum volkswirtschaftlichen Nutzen der Betreuung von Kindern im Krippenalter habe ich gelesen, dass der Krippenbesuch die Wahrscheinlichkeit das Gymnasium zu besuchen enorm erhöht, sogar bei Kindern von Akademikern!" „Die Kinder brauchen doch auch Kontakte. Seht doch, wie viele Kinder zu Hause alleine sind ohne Geschwister." „Ich habe meinen Beruf aber nicht gelernt, um den ganzen Tag Windeln zu wechseln."

„Es hilft alles nichts", meinte Luise, unsere Leiterin schließlich. „Die Entscheidung ist an anderer Stelle gefallen, wir werden in den nächsten Wochen planen, wie wir die neue Aufgabe angehen."

Informieren: Die strukturellen Bedingungen werden geklärt.

Die Länder geben Richtlinien vor, die bei einzelnen Betreuungsformen zu berücksichtigen sind. In der Regel begutachten die beteiligten Stellen das Haus vor Ort und entscheiden mit, welche Änderungen notwendig sind. Neben baulichen Veränderungen sind konzeptionelle Anpassungen notwendig. Da ein Team nicht immer auf einschlägige Erfahrungen zurückgreifen kann, muss die zu erwartende Praxis oft sehr ausführlich aus verschiedenen Perspektiven beleuchtet werden.

Auswirkungen voraus denken

Die Aufstockung des Personals aufgrund der neuen Betreuungsform bedeutet in der Regel, dass das Gesamtteam über mehr Ressourcen verfügt. Das Mehrpersonal, das für die neue Betreuungsform gewährt wird, soll den veränderten Alltag auffangen, grundsätzlich ist die Integration der Zweijährigen dennoch Angelegenheit aller Kolleginnen und Kollegen im Haus.

Das Beispielteam legt darum vorab ein Element fest, das in der neuen Arbeitsform seine Bedeutung behalten soll:

Das Mittagessen ist uns konzeptionell so wichtig, dass die maximal 34 Kinder von vier Erzieherinnen begleitet werden.

Zum Mittagessen im Zeitraum von 12:00 bis 13:00 Uhr gehört:

- die Tische gemeinsam mit den Kindern zu decken,
- das gelieferte Essen anzurichten,
- an den Tischen mitzuessen und
- gemeinsam abzuräumen.

Die Zweijährigen werden eingegliedert:

- Die jüngeren Kinder sitzen verteilt bzw. suchen sich einen Platz in der Nähe von Bezugspersonen.
- Die sozialen Bezüge und die praktische Unterstützung beim Essen machen es auch zukünftig wichtig, diese Phase personalintensiv zu gestalten.

Raumpläne, Materiallisten und pädagogische Impulse

> Wir sind zunächst einmal durch unser Haus gegangen und haben besprochen, wie sich jüngere Kinder hier bewegen würden. Eine Kollegin hat glücklicherweise ein Kind von zwanzig Monaten und konnte ihre Erfahrung einbringen. Sie lachte: „Ich habe unsere Miki nur bekommen, damit ich mich gut auf die fachlichen Anforderungen einstellen kann. Bekomme ich jetzt Leistungszulage?" Es ist schon eine große Herausforderung für ein Team, etwas vorzuplanen, das mit wenig konkreten Erfahrungen verbunden ist. „Die Kleinen laufen nicht einfach so mit", dachte ich laut nach. „Während der Leiterinnenkonferenz wurde das aber behauptet," entgegnete Luise sachlich und krabbelte weiter auf allen Vieren unter der zweiten Ebene. Sie wollte die Perspektive von Kleinstkindern nachempfinden. Waltraud schmunzelte herüber.
>
> Etwas später saßen wir wieder im Teamzimmer und wälzten Kataloge mit Einrichtungsgegenständen und Material für Krippen. „Schau mal die Tunnellandschaft hier!" „Da tun es auch ein paar Kartons und Decken!"

Impuls (Vor-)Entscheiden: Rahmenbedingungen werden angepasst.

Räume entwicklungsgerecht zu gestalten ist nicht so einfach. Die alten Konzepte von klar geteilten Räumen und fest zugeschriebenen Funktionen haben sich nicht immer bewährt. Neue Betreuungsformen bringen neue Ideen mit sich, die an pädagogische Konzepte anschließen.

Entwicklungs- und Lernbereiche hängen zusammen. In einem Raum mit Spiegeln, beweglichen Elementen und interessanten Farben und Formen werden jüngere Kinder angeregt, auf Entdeckungstour zu gehen. Rebecca und Chrisy Isbell (2008) beschreiben in ihrem Buch „Lernräume entwicklungsgerecht gestalten", welche Raumimpulse für Kinder unter Drei gegeben werden können. Die Lernbereiche Bewegen, Sehen, Fühlen, Haushalt, Bibliothek, Bauen, Kunst, Rückzugsraum, Musik, Wissenschaft und Natur, Verkehr, Lebensmittelladen, Sand und Wasser, Beim Arzt, Fotostudio, Schuhgeschäft, Groß und Klein, Garten, Bauernhof, Kochen, Strand oder Schatten werden in Zusammenhang gebracht und mit Gestaltungsbeispielen, pädagogischen Ideen und Impulsen für die Eltern kombiniert.

Solche Ideen regen das Team an, eigene Lernräume zu gestalten:

Das wollen wir noch anschaffen und vorbereiten:

- Ein zweiter Baubereich für die jüngeren Kinder wird eingeplant,
- Podeste werden beim Schreiner bestellt,
- Kuscheldecken, Felle, große Kissen werden angeschafft,
- verstellbare Hochstühle werden angeschafft,
- Besteck wird in zwei Ausführungen besorgt oder das vorhandene Besteck für die Kleinen ohne Messer gereicht,
- Kannen, die auch jüngere Kinder halten können, werden angeschafft,
- der gesamte Wickelbereich muss gestaltet werden,
- Material für das Außengelände muss angeschafft werden
- …

Kleine Kinder haben Zeit für kleine Schritte.

Unser Beispielteam nutzt das Medienpaket „Wach, neugierig, klug – Kinder unter 3", um sich anhand der Themenkarten und Filmbeispiele systematisch auf die Arbeit mit den jüngeren Kindern vorzubereiten *(vgl. Bertelsmann Stiftung, Staatsinstitut für Frühpädagogik (Hrsg.): Wach, neugierig, klug – Kinder unter 3, 2008).*

Lernimpulse für Kinder unter drei Jahren setzen an einer anderen Stelle an als bei älteren Kindern. Als pädagogische Fachkraft muss ich in der Lage sein, die fachliche Qualität an den konkreten Bedürfnissen der jüngeren Kinder festzumachen. Gut ist ein Lernimpuls, der dieses Kind einen Schritt weiter bringt. Bei Kindern zwischen null und drei Jahren sind das meist sehr kleine Schritte.

Das Team hat eine Stichwortliste aus einer Reihe von Praxisheften zusammengetragen, die konkrete Vorschläge für die pädagogische Arbeit mit Kindern unter drei Jahren darstellt *(vgl. Beswick, Clare/Featherstone, Sally: Bildung von Anfang an – Kinder unter 3. Aktiv lernende Kinder. Kommunikationsfreudige Kinder. Starke Kinder. Gesunde Kinder, 2007)*:

Das werden wir mit den Kleinen machen

Ein wichtiges Fachziel ist es, Ruhe in Lernprozesse zu bringen, indem die Ergebnisse in den Hintergrund rücken.

Eine Ideenliste:

WAS	WIE	WER
Das bin ich: Überraschung	Ein Kind setzt sich mit Kuscheltieren in eine große Kiste und wirft die Tiere heraus, die anderen sammeln sie wieder ein	– Eine Erzieherin ist mit einer Kleingruppe von vier bis fünf Kindern aktiv.
Ich entdecke meine Welt: Spaß mit Stoffen	Stoffstreifen, Bast, Schnüre und ähnliches Material werden in einen Maschendrahtzaun gewoben	– Als Freispielelement umsetzbar. – Es kann eine Stellwand gebaut werden, die als Raumteiler dient.

WAS	WIE	WER
Zähl mit mir: Wo hat es sich versteckt?	Alltagsgegenstände werden unter verschiedenen Handtüchern versteckt und wieder gefunden. Variante: Bildkarten regen die Suche in der Kita an	– Als Freispielelement umsetzbar.
Zähl mit mir: Überraschung	Gegenstände/Spielzeuge werden in verschiedenen Materialien eingepackt und gegenseitig verschenkt	– Im Freispiel durch Material anregen. – Anfangsimpulse geben.
Das bin ich: Die Zehen ins Wasser	Drei bis vier Schüsseln, Wasser, Sand … verschiedene Wahrnehmungsimpulse, die sprachlich begleitet werden	– Zwei bis drei Kinder. – Gut im Freien umsetzbar.
…		

Merke:
Je konkreter die Vorstellungen zum neuen Arbeitsalltag sind, desto eher lässt sich die Situation positiv erfahren.

Vielfalt auffächern und auf den Punkt bringen

1999 hat das Bundesministerium für Familie, Senioren, Frauen und Jugend (BMFSFJ) eine Nationale Qualitätsinitiative im System der Tageseinrichtungen für Kinder ins Leben gerufen. In mehreren Teilprojekten entstanden Qualitätskriterien, die in internen und externen Qualitätsprozessen eine bedeutsame Rolle spielen können.

Entwicklungen erproben: Gravierende Veränderungen müssen gründlich durchdacht werden, damit das Erproben strukturiert ablaufen kann.

Die folgenden Ausführungen berücksichtigen Aspekte des nationalen Kriterienkataloges (vgl. Tietze/Viernickel (Hrsg.): *Pädagogische Qualität in Tageseinrichtungen für Kinder. Ein nationaler Kriterienkatalog*, 2007). Das Beispielteam hat nach der fachlichen Diskussion festgehalten, wie es die Kriterien in den Alltag übertragen möchte:

Strukturelle Bedingungen

Grundsätzlich können Kinder unter drei Jahren für alle **Betreuungszeiten** angemeldet werden.

Das **gesamte Team trägt die Alterserweiterung** mit, auch wenn zunächst nur einzelne Kolleginnen als Bezugserzieherinnen aktiv werden.

Die Kollegin, die zu 100% in der Gruppe arbeitet, wird als **erste Bezugsperson für alle Kinder** unter drei Jahren eingesetzt. Die Kolleginnen, die in Teilzeit arbeiten, werden den Kindern bald als zweite Bezugspersonen vorgestellt.

Die **Gruppenräume** sind so temperiert, dass jüngere Kinder auf dem Boden spielen können. In den einzelnen Spiel- und Lernbereichen liegen Teppiche.

Die Ausstattung der **Rückzugsbereiche** für die jüngeren Kinder vermittelt Sicherheit und Geborgenheit, ermöglicht aber auch die Nähe zum Gruppengeschehen. Einzelne Kinder können zeitweise in den Rückzugsbereichen ruhen, wenn sie dies möchten.

Die **Materialien** werden so in den Räumen angeordnet, dass sie keine Gefahr für die jüngeren Kinder darstellen.

In jedem Waschraum ist ein eigens eingerichteter **Wickelbereich**. Der Wickelbereich wird weich gepolstert und angemessen temperiert und hat fließend kaltes und warmes Wasser.

Die Eltern bringen Windeln in ausreichend großer Zahl für ihr Kind mit in die Einrichtung.

Der **Schlafbereich** ist in der Nähe des Essbereichs in unserem „Spielzimmer" eingerichtet. Die Schlafzeiten orientieren sich an den Bedürfnissen der einzelnen Kinder. In der Regel werden die einzelnen Kinder nach etwa fünf Stunden Verweildauer in der Einrichtung angeregt, sich auszuruhen.

Eine Erzieherin begleitet die Ruhephase im Schlafbereich. Wir lesen den Kindern zur Entspannung etwas vor, setzen unter anderem Musik oder einfache Massagen ein.

Der **Außenbereich** ist so gestaltet, dass sich die jüngeren Kinder in einen eigenen Bereich zurückziehen können. Grundsätzlich können sie sich frei bewegen und sind in das Gesamtgeschehen integriert.

Zu den Bereichen, in denen die älteren Kinder z. B. Ball spielen oder Fahrzeuge fahren, gibt es eine optische Abtrennung.

Es gibt verschiedene Flächen, z. B. Rasen, Sand, Hügel, Mulden, die unterschiedliche Anregungen geben. Die jüngeren Kinder können ungestört verschiedenen Spielen nachgehen.

Umgang mit Räumen und Material

Es werden **Sicherheitsmaßnahmen** getroffen, die es den jüngeren Kindern ermöglichen, sich frei im Raum und im Außengelände zu bewegen.

Jüngere Kinder haben **freien Zugang zu Materialien**, die ihrer Entwicklungsstufe entsprechen.

Dem Forschungsdrang der jüngeren Kinder geben wir, so oft wie möglich und abhängig von der jeweiligen Persönlichkeit, Gelegenheit sich zu entfalten. Die Bezugserzieherin begleitet ein Kind bei der Erforschung unserer Räume und Materialien.

Die **Materialien für die jüngeren Kinder** werden sichtbar aufbewahrt. Entsprechende Möbel und Materialkisten sind bereits vorhanden.

Die **Möbel sind** so **stabil**, dass sich jüngere Kinder daran hochziehen können. Einige **Raumgestaltungselemente**, wie Stühle, kleine Tische und große Bauklötze können die Kinder eigenständig umstellen.

Gruppenübergreifende Spiel- und Lernbereiche im Flur (Baubereich, Rollenspielbereich) für die älteren Kinder schaffen in den Gruppenräumen Platz für **kleinere Spielbereiche für individuelles Spiel** der jüngeren Kinder.

Einige **Bereiche** werden **nur von den älteren Kindern genutzt**, damit sie einen gewissen Freiraum haben. Den jüngeren Kindern wird das erklärt und im Alltag immer wieder bewusst gemacht.

Wir beobachten den **Aktionsradius eines Kindes** und schützen es ggf. vor Gefahren, die sie selbst nicht einschätzen können. Erfahrungsgemäß schaffen es auch kleinere Kinder relativ schnell, ihre Grenzen einzuschätzen.

Besondere **Entwicklungsereignisse** werden den Eltern so zeitnah wie möglich mitgeteilt. In regelmäßigen Abständen werden gezielte Beobachtungen durchgeführt und die Ergebnisse schriftlich festgehalten.

Die jüngeren Kinder **frühstücken** gemeinsam mit den älteren Kindern. Es ist möglich, dass die jüngeren Kinder während der gesamten Betreuungszeit essen, auch mehrmals in kürzeren Abständen.

Das Geschirr und Besteck ist frei zugänglich und für die jüngeren Kinder geeignet. Das Geschirr ist dazu geeignet, die Selbstständigkeit der Kinder zu fördern. Sie können sich, soweit möglich, selbst bedienen.

Pädagogische Prozesse mit den Kindern

Die jüngeren Kinder werden nach und nach **an das Material und die Räume herangeführt**. Die Bezugserzieherin nimmt sich die Zeit zu zeigen, wo sich das Material befindet. Sie spielt mit dem Kind, damit es Impulse bekommt, wie es mit dem Material umgehen kann.

Die Kinder bekommen **sprachliche Zuwendung**. Routinen, Aktivitäten und Spielphasen werden sprachlich begleitet.

Jüngere Kinder werden **angeregt, so viel wie möglich selbst zu tun**. Jedes Kind bekommt dennoch die Hilfe, die es braucht. Auch ältere Kinder werden mit einbezogen, sofern sie Bereitschaft dazu zeigen.

Bei der **Gestaltung des Dienstplans** wird darauf geachtet, dass eine Bezugserzieherin einen möglichst großen Teil der Betreuungszeit abdeckt.
Das große Betreuungsangebot in unserem Haus macht es notwendig, dass mindestens zwei Kolleginnen eine engere Beziehung zu einem Kind aufbauen. So bald als möglich lernt das Kind weitere Erzieherinnen kennen, zu denen es ein vertrauensvolles Verhältnis aufbauen kann. So sind gute Vertretungslösungen möglich.

Selbsttätigkeit unterstützen

Der **Tagesrhythmus** wird für die jüngeren Kinder flexibel gestaltet. Jüngere werden nach und nach an Tagesaktivitäten herangeführt.

Die Bezugserzieherinnen planen abwechselnd **Aktivitäten für zwei bis vier jüngere Kinder**, die in den Wochenrhythmus eingebunden werden. Die Planung der Aktivitäten wird individuell auf die Entwicklungsanforderungen der jüngeren Kinder abgestimmt.

Die **Planung** ermöglicht, dass die jüngeren Kinder nach ihrem individuellen Rhythmus zu unterschiedlichen Zeiten essen, spielen, schlafen oder einer begleiteten Aktivität nachgehen können.

Die jüngeren Kinder erhalten im Alltagsgeschehen und in gezielten Aktivitäten **sprachfördernde Anregungen**.

Die jüngeren Kinder werden so oft wie möglich in **hauswirtschaftliche Tätigkeiten** eingebunden.

In kleinen überschaubaren Gruppen machen die jüngeren Kinder regelmäßig **Spaziergänge im näheren Umfeld**, z. B. zu Spielplätzen.

Die jüngeren Kinder werden beim Toilettengang begleitet, dabei wird die **selbstständige Körperpflege angebahnt**.

Der Start in das neue Betreuungskonzept und die Eingewöhnung

Die Eingewöhnungsphase wird **individuell an die Bedürfnisse der Eltern und des Kindes angepasst**. Es finden mehrere Gespräche statt. Zunächst werden drei Kinder eingewöhnt. Die erste Bezugserzieherin wird im ersten Umsetzungsjahr alle Kinder eingewöhnen. Ein ausführliches Eingewöhnungskonzept wird im Laufe des ersten Praxisjahres erstellt.

Die Eingewöhnungsphasen finden jetzt und später in der jeweiligen Gruppe **nacheinander statt und nicht zeitgleich**.

Die Eltern der jüngeren Kinder werden regelmäßig und zeitnah über die Entwicklungsfortschritte ihrer Kinder informiert.

Teamvereinbarung

Alle Kolleginnen werden sich **kontinuierlich informieren und weiterqualifizieren**, um die Arbeit mit den jüngeren Kindern sukzessive zu optimieren.

Reflektieren und Entscheiden: Viele Teilschritte ergeben ein realistisches Gesamtbild.

Merke:
Einige Qualitätsentwicklungsprozesse brauchen einen langen Atem. Die Reflexion größerer Veränderungen wird in mehreren Teilschritten umgesetzt, damit einzelne Misserfolge nicht die vielen kleinen Erfolge überschatten.

5.4 Dran bleiben und nach vorne blicken

Impuls

> **Theorie und Praxis – zwei Welten**
> „Der Nationale Qualitätskatalog hat viel Klarheit im Vorfeld gebracht. Leider ist nicht alles umsetzbar, da uns die Mittel fehlen", Luise schaut über den Rand ihrer Lesebrille: „Kann ich das so den Trägervertretern sagen, wenn ich nächste Woche auf der Sitzung bin?" „Menschen, die hier nicht arbeiten, können sich vieles nicht vorstellen", sinniere ich. „Die Kriterien im Katalog sind stimmig und wertvoll, allerdings entsprechen die Vorgaben der Landesregierung nicht den Inhalten. Warum Kinder in Emden immer noch andere Bedingungen vorfinden als Kinder in Halle oder Pirmasens, werde ich nie verstehen. Die Länder sollten sich auf gemeinsame Standards einigen."

Neuerungen haben Auswirkungen auf bestehende Systeme. Die Integration jüngerer Kinder wirft beispielsweise die Frage auf, wie mit Kindern mittleren Alters oder den älteren Kindern weitergearbeitet wird. Das Beispiel zeigt, dass ein Team sehr vielschichtige Entscheidungen zu treffen hat, die zudem immer wieder im Alltag zusammenhängende Elemente beeinflussen.

Reflexion der Altersmischung im Haus

Die Vor- und Nachteile der altersgemischten Gruppen werden gegenübergestellt. Dieses Verfahren ist eine einfache und wirkungsvolle Entscheidungshilfe. Das ganze Team ist aktiv an dem Schritt beteiligt: Jedes Teammitglied notiert auf einer Karte seine Anmerkung zu den Leitgedanken. Diese Anmerkungen werden der Reihe nach genannt und diskutiert. Das Beispiel zeigt eine Variante, in der die Vorteile und Chancen direkt in Ideen für weitere Veränderungen münden:

Reflektieren, neu Informieren und Entscheiden: Zusammenhänge entstehen automatisch.

Vorteile und Chancen der Altersmischung	Veränderungen
Allgemeines	
– Altersmischung entspricht dem Leben: nur selten gibt es altershomogene Gruppen – weniger Übergänge und Wechsel von Einrichtungen, dadurch entsteht mehr Kontinuität für alle Beteiligten – Geschwister können gemeinsam eine Einrichtung besuchen Praktisch heißt das: Die einzelnen Gruppen werden gemischt. Bei insgesamt maximal 90 Kindern sind in jeder Gruppe: – Eine Gruppe mit 15 Kindern, im Alter von zwei bis elf Jahren – Drei Gruppen mit 21-22 Kindern, im Alter von drei bis elf Jahren	Der Alltagsrahmen ist aufwändiger geworden, besonders entstand ein höherer Personalbedarf durch höhere Anforderungen der Kinder: – Wir stellen fest, dass 2,0 Erwachsene für 15 Kinder eindeutig zu wenig sind – sinnvoll wären mindestens 3,0 Vielfältige Kontakte innerhalb des Hauses wären zusätzlich sinnvoll: – differenziertere Raumgestaltung: wir müssten unsere Räume so umgestalten, dass sie jeweils von „allen" Kindern nutzbar sind – Hausaufgaben erledigen wird erwartet: Ist das unser Anspruch? Nein, die Kinder brauchen besondere Zuwendung Idee: externe Hausaufgabenhilfen einbinden

Vorteile und Chancen der Altersmischung	Veränderungen
Kinder	
- Kinder haben über Jahre hinweg konstante Bezugspersonen. - Ältere Kinder sind Verhaltensmodelle für jüngere. - Kinder mit emotionalen Entwicklungsrückständen werden nicht zu Außenseitern und können länger aktiv begleitet werden. - Längerfristige Freundschaften unter Kindern sind möglich. - Jüngere Kinder lernen Modelle der Konfliktlösung von älteren. - Ältere Kinder sind rücksichtsvoll und hilfsbereit gegenüber jüngeren, sie bieten Trost und emotionale Unterstützung, lernen Empathie. - Kinder können in der Gruppe „Ersatz"-Geschwister finden, die entweder anders sind als die Geschwister zuhause oder für Einzelkinder eine ergänzende Erfahrung. - Bessere Selbstständigkeitsentwicklung bei jüngeren Kindern aufgrund von Modelllernen und Entwicklungsanreize durch Ältere. - Seltener Wechsel vermittelt mehr Sicherheit und Geborgenheit. - Anwesenheit älterer Kinder gibt Kleinstkindern Sicherheit bei Abwesenheit und Wechsel des Personals. - Jüngere Kinder profitieren von Interaktionen mit älteren, da sich diese in ihrem Sprachstil besser auf deren Aufnahmefähigkeit einstellen. - Eine intensivere schulische Förderung ist möglich, da nur wenige Schulkinder betreut werden.	- Die Tagesphasen könnten sich so ändern, dass mehr gruppenübergreifend umgesetzt wird: Der Dienstplan wird so angepasst, dass klar ist, wer, wann für welche Kinder und welche Inhalte zuständig ist. - Die Organisation der Essenssituation: Es wird in den Gruppen gegessen. Zwei Essenszeiten werden eingeführt: 1.) 12:15 Uhr mit den Kindergartenkindern und den Hortkindern die schon aus der Schule da sind. 2.) 13:15 Uhr mit den älteren Hortkindern. - Wir hätten so mehr Zeit für die einzelnen Hortkinder, die viel mitteilen wollen. - Die Hortkinder hätten eine Entlastung, weil sie nicht nur unter Gleichaltrigen sein müssen: „Im Hort verhalten sie sich eher chaotisch, einzeln sind sie konstruktiver. - Die aktuellen Gruppenzusammensetzungen werden weiter verändert, d. h. dass Kinder wechseln, damit die Altersstruktur gut durchmischt ist. Ein offener Aspekt: - Während der ersten Phase mit den jüngeren Kindern im Haus konnten weniger geplante und strukturierte Lernaktivitäten sowie weniger Arbeit nach einem Wochenplan bzw. nach ausformulierten Lernzielen umgesetzt werden.
Erzieher/-innen	
- Jede Erzieherin kann mit Kindern jeden Alters umgehen. - Umfassende Kenntnisse über die Kinder und deren Entwicklung sind da und finden im Alltag Anwendung. - Aufgrund der weiten Altersspanne entsteht eine vielfältige, interessante und abwechslungsreiche Arbeit. - Die Zweijährigen sind teilweise eher „fremd" (Gefahr einschätzen, Zeit haben). - Es entsteht mehr Arbeit in Klein- und Projektgruppen durch gruppenübergreifende Anlässe. - Morgens ist die Gruppe kleiner, bis die Hortkinder kommen	- Markante „Belastungen" vor der Umstellung haben sich aufgelöst: - die vollen Gruppen und die unterschiedliche Vor- und Nachmittagssituation ist in der massiven Form weggefallen. - Die Vertretungs-, Pausen- und Urlaubsmöglichkeiten wurden anders, die Konsequenz ist weniger Flexibilität für einzelne Mitarbeiterinnen. - Der Hilfebedarf der Hortkinder ist in der Gruppe besser aufzufangen. - Die Konzentration auf eine bestimmte Altersgruppe war in den Griff zu bekommen. - Das Arbeiten mit der Gesamtgruppe ist aufgrund sehr unterschiedlicher Fähigkeiten, Interessen usw. immer noch schwierig. - Das zusätzliche Material für die Kleinen bedeutet mehr Auswahlmöglichkeit für alle Kinder, die Auswahl ist auf das Haus gesehen gewachsen. - Wie zufrieden sind wir derzeit mit dem Berufsalltag: zufriedener IIIII IIIII (10) neutral II (2) unzufriedener (0)

Ein Fokus entsteht: Der Übergang in die Grundschule

> Unser Team hat sich ausführlich mit einem neuen Eingewöhnungsmodell auseinandergesetzt. Dabei ist uns aufgefallen, dass dieser Übergang von der Familie in unsere Kindertageseinrichtung viel mehr Aufmerksamkeit bekommt als der Übergang vom Kindergarten in die Schule.
>
> Wir wollen nicht alles neu erfinden. Es gibt gute Praxisbeispiele und wissenschaftliche Empfehlungen. Zum Thema „Übergänge" haben wir im Team einige Theorien aus der Transitionsforschung besprochen. „Beim Übergang von der Familie in den Kindergarten gibt es Akteure, die die Transition bewältigen und Akteure, die sie moderieren", liest Etienne vor. Olga zitiert aus ihrem Seminarkonzept: „Kinder verändern bei einem Übergang ihre Identität, sie werden zum Schulkind. Den wenigsten ist bewusst, dass dabei auch die Eltern zu Schulkind-Eltern werden." Aus der Erfahrung mit ihrem eigenen Kind ergänzt Olga: „In dieser Übergangszeit hatte ich sehr gemischte Gefühle, Freude, Stolz aber auch Angst und Ungewissheit waren da. Auch unser kleiner Janek merkte, dass er als Schulkind andere Dinge können muss als ein Kindergartenkind."

Impuls

Ideen und Impulse aufgreifen: Wissenschaftliche Erkenntnisse nutzen

Am Beispiel des Übergangs in die Grundschule wird Fachleuten in Kindertageseinrichtungen besonders deutlich, dass die gesamte Zeit, die sie ein Kind begleiten, eine Vorbereitung auf die weiteren Lebensphasen ist. Die Übergangsphase selbst ist ein Prozess, der von Erzieherinnen, Eltern, Geschwistern und weiteren Erwachsenen laut Forschung ko-konstruiert wird.

> Gestern am Nachmittag haben sich noch einige Eltern der Großen über die Schule unterhalten. Sie standen bei dem schönen Wetter vor der Tür, die Kinder waren schon alle abgeholt und ich habe mir die Zeit genommen, noch etwas dabeizubleiben.
>
> „Wisst ihr schon, wer die ersten Klassen übernimmt?", fragte Jans Mutter, „hoffentlich nicht die Schneider! Die hatte schon unsere Liliane und da gab es nur Schwierigkeiten." „Leona freut sich schon sehr auf die Schule", warf Frau Himmel ein, „der Schulbesuch letzte Woche hat ihr richtig gut gefallen. Ich glaube, sie haben beide Lehrerinnen kennengelernt, die im kommenden Schuljahr als Klassenlehrerin in Frage kommen." „Das ist richtig", erklärte ich rasch, „Frau Schneider und Frau Hell-Wagner haben beide mit den Kindern eine Stunde gestaltet." Leona stand neben uns und hörte interessiert zu. Liliane, Jans große Schwester, war auch da und meinte munter: „Die sind beide nett, weißt du, Leo! Manche kommen mit der einen besser aus, andere mit der anderen. Warte erst einmal ab!"
>
> Die Gruppe löste sich bald auf.

Impuls

Kindergarten und Schule haben eigenständige Bildungsaufträge und gehören doch irgendwie zusammen. Die Qualitätsentwicklung im Übergang von der einen in die andere Institution kann nur gemeinsam sinnvoll in Angriff genommen werden. Es ist wichtig, dass die Erwartungen und Anforderungen benannt, die pädagogischen Schritte in beiden Einrichtungen besprochen und aufeinander abgestimmt werden und eine wechselseitige Öffnung stattfindet.

> *Übergänge gestalten ist eine gemeinsame Aufgabe der beteiligten Erwachsenen*
>
> *Schulfähigkeit wird nicht als Vorgabe für Kinder, sondern als Aufgabe verstanden, die von allen (Schule, Kita, Hort, Eltern) gemeinsam inhaltlich zu füllen ist. Unterschiede im Selbstverständnis der Bildungseinrichtungen, ihrer Lern- und Berufskulturen müssen zugunsten gemeinsamer, systemübergreifender Bildungsziele überwunden werden. Dies erfordert eine kontinuierliche Kommunikation zwischen Familie, Tageseinrichtungen und Schule über das Verständnis von Bildung, Erziehung, Lernen und Spielen.*
>
> *Die Anforderungen und Entwicklungsaufgaben des angehenden Schulkindes werden gemeinsam reflektiert und dokumentiert. Bei Bedarf wird das Kind frühzeitig individuell gefördert.*
>
> Quelle: Bertelsmann, Stiftung: Dreikäsehoch 2005. Kita-Preis zum Thema: „Von der Kita in die Schule", 2006, S. 13

Wir reflektieren uns — Beispiele guter Praxis und fachliche Empfehlungen geben einen Rahmen für Teamgespräche, die eine Entwicklung der eigenen Praxis mit sich bringen sollen. Eine Möglichkeit ist es, die Perspektive der Kinder einzunehmen und eine Sammlung anzulegen, wie sie beim Übergang praktisch unterstützt werden können:

Wir begleiten die Kinder weiter

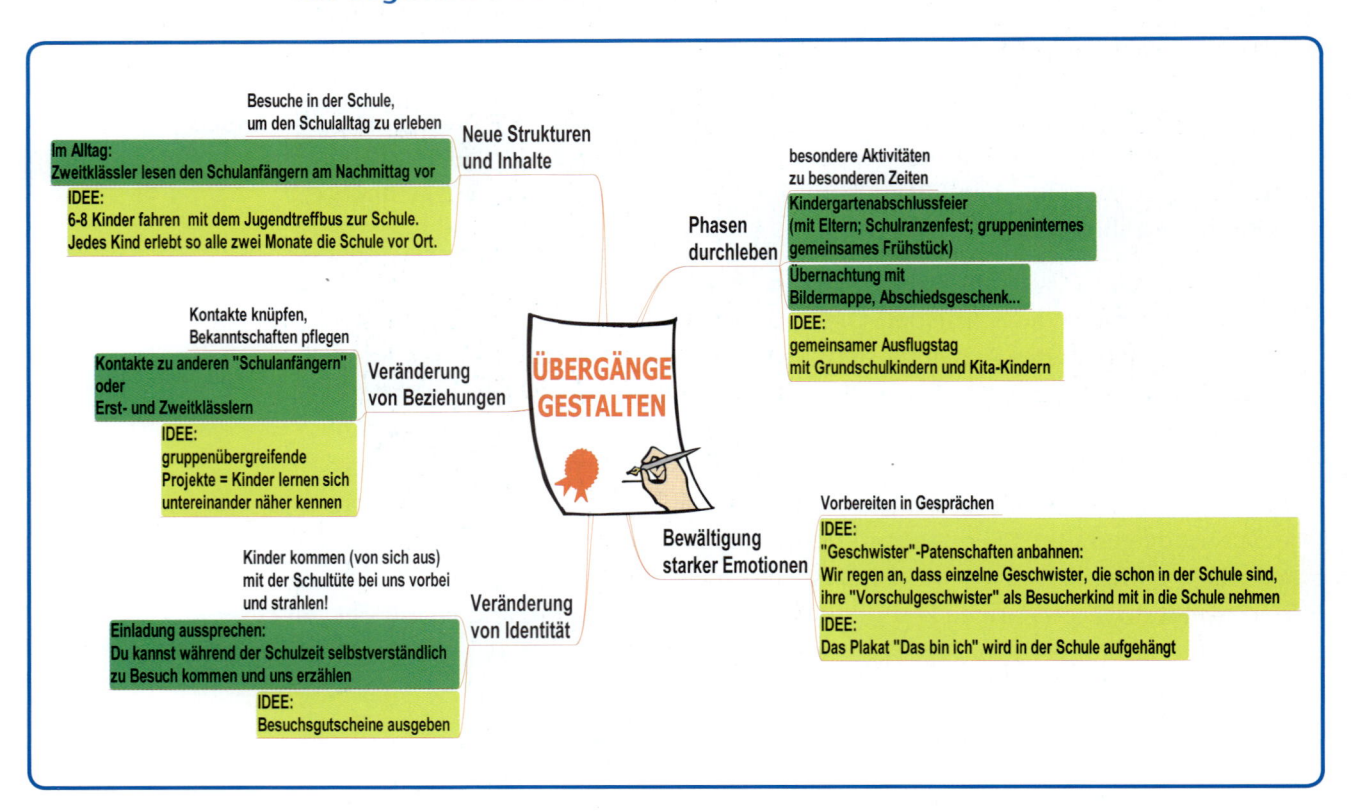

ÜBERGÄNGE GESTALTEN

Neue Strukturen und Inhalte
- Besuche in der Schule, um den Schulalltag zu erleben
- Im Alltag: Zweitklässler lesen den Schulanfängern am Nachmittag vor
- IDEE: 6-8 Kinder fahren mit dem Jugendtreffbus zur Schule. Jedes Kind erlebt so alle zwei Monate die Schule vor Ort.

Phasen durchleben
- besondere Aktivitäten zu besonderen Zeiten
- Kindergartenabschlussfeier (mit Eltern; Schulranzenfest; gruppeninternes gemeinsames Frühstück)
- Übernachtung mit Bildermappe, Abschiedsgeschenk...
- IDEE: gemeinsamer Ausflugstag mit Grundschulkindern und Kita-Kindern

Veränderung von Beziehungen
- Kontakte knüpfen, Bekanntschaften pflegen
- Kontakte zu anderen "Schulanfängern" oder Erst- und Zweitklässlern
- IDEE: gruppenübergreifende Projekte = Kinder lernen sich untereinander näher kennen

Bewältigung starker Emotionen
- Vorbereiten in Gesprächen
- IDEE: "Geschwister"-Patenschaften anbahnen: Wir regen an, dass einzelne Geschwister, die schon in der Schule sind, ihre "Vorschulgeschwister" als Besucherkind mit in die Schule nehmen
- IDEE: Das Plakat "Das bin ich" wird in der Schule aufgehängt

Veränderung von Identität
- Kinder kommen (von sich aus) mit der Schultüte bei uns vorbei und strahlen!
- Einladung aussprechen: Du kannst während der Schulzeit selbstverständlich zu Besuch kommen und uns erzählen
- IDEE: Besuchsgutscheine ausgeben

Sammlung eines Teams zum Thema Übergänge gestalten

5.4 Dran bleiben und nach vorne blicken

> *Impuls*
>
> Einige Kinder bleiben bei uns im Haus, als Hortkinder. Wir wissen nicht genau, wie lange diese Betreuungsform noch existieren wird. Um uns herum werden Horte an Schulen geholt, und zwar die Kinder und das Personal. Im Nachbarort wurde ein Hort ganz geschlossen, da die Schule zur Ganztagsschule wird.
>
> Auch wenn das noch weit weg scheint, haben wir entschieden, schon heute Veränderungen anzubahnen. Die Zweijährigen im Haus hatten uns darauf gestoßen, außerdem wird unser Haus gerade renoviert. Da die Räume danach nicht nur neu aussehen, sondern ein Anbau die Betreuungsmöglichkeiten erweitert, gehen wir an die Arbeit mit den Hortkindern heran.

Die Analyse der aktuellen Arbeit und die Ideen für die Weiterentwicklung werden parallel angegangen:

Entscheiden: Vorhandene Praxis wird entwickelt und auf die Zukunft ausgerichtet.

Ausgangssituation	Weiterentwicklung
– im Hort sind derzeit 14 Kinder und zwei Erwachsene – sieben Kinder sind in den Klassen 1 und 2 – sieben Kinder sind in der 4. Klasse – die Kinder kommen zwischen 11:50 und 13:15 Uhr – die Hausaufgabensituation überwiegt jeden Tag, die Verantwortung wird von Eltern an uns abgegeben – die „Teezeit" musste abgeschafft werden – ab 15:00 Uhr ist teilweise eine Erzieherin alleine; davor ist die Situation für Erzieherinnen der Kindergartengruppen chaotisch, da sie täglich wechselnd im Hort helfen – der Raum und die Gruppensituation bringen zu viel Unruhe	– ab Neujahr wird die Situation deeskaliert, da bis 15:00 Uhr zwei Kolleginnen im Hortbereich sind – Idee ist, die Teezeit zu gegebenem Zeitpunkt wieder einführen, zumindest für interessierte Kinder oder einmal pro Woche/Monat für alle – Mittagessen, Hausaufgaben und Freizeit sind offen, jedes Kind entscheidet für sich selbst Praxiselemente, die eingebaut werden: – Zeitmanagement in Form von Wochenlisten, die jedes Kind mit uns aufstellt – individuelle Betreuung für jedes Kind, die in die Wochenliste als „Ich-und-Du-Zeit" eingetragen wird – unser Coolness-Training; Schaumstoffkeulen werden angeschafft – was wir verändern wollen, wird in einem Grundlagenpapier, dem Hortkonzept, festgelegt

Die fachlichen Bausteine werden festgehalten.

Die Begleitung der Schulkinder

Verselbstständigung
- Risikobedingungen in der Entwicklung
  personaler Ressourcen
  sozialer Ressourcen
- **Kompensationsfunktion**
- Rollenbilder **aufklären**
  Alternativen darstellen
  · Intensive Face-to-Face-Gespräche, in vertrauensvollen Situationen
  Ausgestaltung der eigenen Rolle
- größtmögliche Autonomie und Mündigkeit

Individuelle Förderung
- **Anpassungsprozess**
  Entwicklungsprozess
- Gruppe **heterogen**
  diagnostizierte Beeinträchtigungen
- konträre Norm- und Wertsysteme
  differenzierte pädagogische Vorgehensweise
- Sprachgebrauch/Kraftausdrücke
- äußeres Erscheinungsbild bzw. das Selbstbild der Kinder
- **individuelle Strategien, um die passenden Fähigkeiten und Fertigkeiten aufzubauen**
  teilweise familienversetzend
- Kooperation mit dem Jugendamt
- Frequenz an Elternkontakten
- Vermittlung zwischen Familie und Schule
- systematische Dokumentation der Prozesse

Kontaktpflege im Sozialraum
- Kontakte zu jüngeren Kindern
- Schulkinder erweitern ihren Kontaktkreis
- Aufbau und die Pflege von Kontakten
- ortsnahes Vereinsleben
- Aufbau geeigneter Konfliktbewältigungsstrategien

Außerschulische Förderung
- Betreuung der Hausaufgaben
  angemessene Arbeitshaltung entwickeln
- zusätzliche Förderung

Freizeitgestaltung
- eigene Ideen und Impulse zur Freizeitgestaltung
- bewegungsintensive Tätigkeiten
- eigene Aktionsräume
- mit den Kindern geplante Ferienprogramme

Aus der Sammlung entsteht ein neues Konzept

Das Team legt das Konzept für sich fest:

Verständigung auf die gemeinsame Praxis

Tagesablauf:

vor Schulbeginn
Die Kinder sind in der Frühgruppe. Von dort gehen sie in die nahe gelegene Schule.

nach Schulende
Nach der Schule wird in der Kindertagesstätte gegessen.

nach dem Essen bis maximal 15:30 Uhr
Die Kinder machen unter Beaufsichtigung ihre Hausaufgaben. Wer fertig ist geht ins Freispiel.

nach den Hausaufgaben
Die Kinder bekommen einen kleinen Imbiss.
Im Freispiel können die Kinder zwischen Spielen im Gruppenraum, in der Turnhalle oder im Außengelände wählen.
Die Kinder werden in die Planung und Gestaltung des Tagesablaufs miteinbezogen.

Hausaufgaben:

Den Hausaufgaben kommt neben der Freizeitgestaltung eine große Bedeutung zu. Jedes Kind hat bei den Aufgaben seinen festen Platz, es arbeitet so selbstständig wie möglich. Während der Hausaufgabenzeit steht den Kindern eine Erzieherin als Ansprechpartnerin zur Verfügung. Sie gibt Hilfestellung zur selbstständigen Arbeit und kontrolliert die Aufgaben. Förder- und Nachhilfeunterricht werden nicht erteilt. Die Eltern sollen in Schul- und Hausaufgabenhefte ihrer Kinder selbst Einsicht nehmen, denn die Gesamtverantwortung liegt bei ihnen. Auch die Verantwortung für Schultasche, Testvorbereitungen, Lesen usw. liegt bei den Eltern.

Hort bedeutet aber nicht nur Erledigung von Hausaufgaben. Daher ist die Hausaufgabenzeit auf einen bestimmten Zeitraum begrenzt, damit Zeit für Spiel und Gruppenaktivität bleibt. Während der Hausaufgabenzeit sollten die Kinder in der Regel nicht abgeholt werden, um ständige Störungen der Ruhe und Konzentration im Aufgabenzimmer zu vermeiden.

Der Freitag ist im Hort aufgabenfrei. Es ist den Kindern freigestellt, ihre Aufgaben im Hort zu erledigen, eine Hausaufgabenbetreuung gibt es am Freitag jedoch nicht.

Freispiel:

Eine wichtige Aufgabe des Hortes ist neben der Hausaufgabenbetreuung die Gestaltung des Freispiels. Der Hort soll Spaß machen und nicht verlängerter Arm der Schule sein. Im Freispiel können die Kinder eigene Kontakte aufbauen, frei mit Menschen, Material und Zeit umgehen. Sie haben die Möglichkeit zu agieren, sich auszuruhen oder einfach nur zu beobachten. Für Hortkinder ist diese Zeit besonders wichtig, um selbst über eine Beschäftigung zu entscheiden, gerade nach einem langen Schul- und Hausaufgabentag.

Während des Freispiels werden beispielsweise Regelspiele wie „Skip-Bo" oder „Uno" gespielt. In der Kuschelecke werden Bücher gelesen, in der Puppenecke werden Rollenspiele erdacht.

Da freitags keine Hausaufgaben gemacht werden, finden besonders an diesem Tag gezielte Aktivitäten statt, z. B. Mannschaftsspiele, Spaziergänge, Kreatives. Ideen der Kinder werden aufgegriffen und nach Möglichkeit umgesetzt. Die Beteiligung an diesen Beschäftigungen ist freiwillig, die Kinder werden jedoch ermuntert mitzumachen.

Essen:

Das abwechslungsreiche Mittagessen wird täglich frisch von unserer Köchin zubereitet. Einmal im Monat planen die Hortkinder für eine Woche einen Speiseplan.

Abhängig vom Eintreffen der Kinder wird meist in zwei Schichten gegessen. Nach dem Essen räumt jeder sein Geschirr selbst ab.
Nachmittags um 15:30 Uhr wird zum Imbiss Brot, Butter, Obst und Müsli gereicht.

Projekte:
Projekte werden überwiegend in den Ferien angeboten. Sie fördern Kreativität, Durchhaltevermögen und Zusammenarbeit, z. B. beim Tonprojekt, Specksteinprojekt, Kunstprojekt.

Ferienprogramm:
In den Ferien werden die Kinder im Hort ganztags betreut. Ferienprogramme werden normalerweise zu Ostern, im Sommer und im Herbst angeboten.
Die Ferienzeit bietet sich an, den Kindern über den gewöhnlichen Hortalltag hinaus auch andere Erlebnisse zu vermitteln. Aktivitäten und Aktionen, für die während der Schulzeit kaum Zeit bleibt, stehen im Vordergrund. Hierzu zählen z. B. Tageswanderungen, eine Fahrt zur Bücherei oder die Übernachtung im Hort.

Besucherreglung:
Die Hortkinder können von einem Freund bzw. einer Freundin im Hort besucht werden. Da dies im Hortalltag aber manchmal etwas schwierig ist, ist die Besuchszeit für Freunde besonders freitags günstig. Nach Absprache können die Hortkinder auch Kindergartengruppen besuchen.

Kinderteam:
Das Kinderteam bietet den Kindern die Möglichkeit, mitbestimmen zu können und Mitverantwortung einzuüben. Die Kinder erfahren im Kinderteam, dass alle Äußerungen und Meinungen gleich viel wert sind. Unser Kinderteam findet freitags nach dem Essen statt.

5.5 Kontinuität im Qualitätsprozess

> **Aus dem Teamprotokoll**
> Die Eltern wurden über die Erprobung der Projektarbeit informiert und die fachlichen Ideen des Teams wurden anhand des Fußball-, Natur- und Mathematikprojekts differenziert vorgestellt.
> Es muss geklärt werden, welche genauen Informationen zu welchem Zeitpunkt jeweils an den Träger weitergegeben werden.

Die Differenzierung der pädagogischen Arbeit anhand des Bildungsplans wird hier nur kurz dargestellt. Ausführliche Beispiele finden Sie in Kapitel 4 „Eigene Standards ableiten".

Entwicklungen erproben und reflektieren

Praxisanalyse

Zunächst trägt das Team zusammen, welche Erfahrungen es mit einem bestimmten Projekt gemacht hat:

> **Erfahrungen im Fußballprojekt**
> Wir haben uns Zeit gelassen, mit **allen** Kindern an die Inhalte zu gehen. Auslöser waren die Bundesligaergebnisse unseres Vereins und das große Interesse der Kinder, d. h. der ganzen Gruppe.
> **Fazit:** Das Projekt wurde von Erwachsenen organisiert und auf den Interessen der Kinder aufgebaut.

> **Erfahrungen im Naturprojekt**
> **Die Projektidee wurde intensiver als bisher umgesetzt!**
> Die Umsetzung dauerte drei bis vier Wochen. Wir waren täglich mit der ganzen Gruppe aktiv.
> **Fazit:** Das Projekt entstand aus dem Beobachten von Vögeln im Garten und **die Kinder haben ihre Ideen eingebracht.**
>
> **Erfahrungen im Mathematikprojekt**
> Die Lerngruppe traf sich zwei- bis dreimal wöchentlich, je etwa eine Stunde. Es waren die „Mittleren" aus allen Gruppen beteiligt.
> **Fazit:** Die Lernmotivation kommt stärker **von den Erwachsenen!**

Zeitplan ab 2009

Neue Entscheidungen führen zu neuen Erprobungsphasen.

Aus den Erfahrungen der ersten Erprobungsphase leitet das Team weitere Schritte ab, die in den Alltag übertragen werden:

Januar bis Juni 2009	■ Erprobung des Übergangs zwischen den Organisationsformen: Reaktionen der Kinder; Dokumentation der Lernprozesse; Umsetzung verschiedener Raumkonzepte ■ Erprobung kindzentrierter Methoden: Reflexion der Erfahrungen von Kindern und Fachleuten mit dem Wechsel von Lenkung und Mitbestimmung
Juli bis Dezember 2009	■ Vergleich der Methoden mit den Anforderungen des Bildungsplans ■ Intensiver Austausch mit Träger und Eltern über die Erfahrungen mit den Lernprozessen, z. B. Gespräch mit Elternbeiräten über die Rückmeldungen der Eltern
Januar bis Juni 2010	■ Analyse der entwickelten Methoden: Wie dokumentieren wir die Lernprozesse einzelner Kinder (Transparenz für Eltern, Portfolio)? Wie leiten wir Förderungsbedarf für einzelne Kinder ab?
Kindergartenjahr 2010/2011	■ Gemeinsame Entscheidung über die Einführung neuer Konzeptionsbausteine

6 Mithilfe des Qualitätszirkels einrichtungsübergreifend arbeiten

6.1 Qualitätsmanagement in den Kindertageseinrichtungen

6.2 Die Entstehung eines Qualitätsgremiums

Qualitätsprozesse ziehen ihre Kreise.

Ein Team ist in seinen Qualitätsprozessen sehr flexibel. Je mehr Fachleute beziehungsweise Teams einrichtungsübergreifend zusammenarbeiten, umso strukturierter wird ein Qualitätsprozess. Extern begleitete und interne Qualitätsprozesse unterscheiden sich zudem dadurch, dass die Inhalte verschieden interpretiert werden.

Impuls

> „Nächste Woche kommt die Kommission, die unsere Portfolioarbeit begutachtet", erklärt unsere Leiterin stockend. „Habt ihr alle daran gedacht?" Stille. Meine Nachbarin räuspert sich und fragt: „Wer hat die denn gerufen?" Jetzt kichern einige. „Niemand! Wir haben doch im Qualitätszirkel vereinbart, dass die Controllinggruppe regelmäßig ins Haus kommt, um eine Art kollegiale Beratung durchzuführen. Die Mitglieder der Projektgruppe ‚Beobachtung und Dokumentation' haben die Standards zusammengetragen und dadurch einen sehr guten Einblick in die Dokumentationspraxis bekommen. Ich habe euch doch letzten Monat davon erzählt." Martha klingt etwas genervt. Sie ist seit einem Jahr unsere Vertreterin im Qualitätszirkel. Ihre Beiträge im Team sind fast immer interessant, gehen aber manchmal unter.

Qualitätsentwicklungsprozesse werden in der Praxis oft zwiespältig gesehen. Der Aufwand wird gegen den Nutzen aufgerechnet. Eigene Inhalte und die Inhalte aus Qualitätsinstrumenten stehen in Konkurrenz.

Die folgenden Ausführungen beschreiben ein System, das eigene Anteile und allgemeingültige Gesichtspunkte zusammen führt: **den Qualitätszirkel**.

Merke:
Ein Qualitätszirkel ist der Grundbaustein des Qualitätsmanagements in kooperierenden Kindertageseinrichtungen und dient der Steuerung des systematischen Qualitätsmanagements.

Der Qualitätszirkel arbeitet zielorientiert und regelmäßig, d. h. er trifft sich mindestens einmal im Monat für ca. zwei bis drei Stunden. Zu den jeweiligen Sitzungen gibt es immer eine Tagesordnung. Jede Sitzung wird durch Ergebnisprotokolle, die alle Arbeitsaufträge enthalten, dokumentiert. Einmal jährlich erstellt der Qualitätszirkel einen zusammenfassenden Bericht. Die Teilnahme an der Qualitätsentwicklung der Kindertageseinrichtungen ist für die Fachleute und Träger verbindlich. Alle Teilnehmer/-innen sind gleichberechtigt.

6.1 Qualitätsmanagement in den Kindertageseinrichtungen

Zweck des Qualitätsmanagementsystems der beteiligten Kindertageseinrichtungen ist:

- die Sicherung und Weiterentwicklung der hohen Qualität der pädagogischen Arbeit in den einzelnen Kindertageseinrichtungen,
- die konsequente Weiterentwicklung einer fachlichen, professionellen Haltung,
- die Sicherstellung und Verbesserung der Handlungsqualität, insbesondere in der pädagogischen Alltagssituation,
- die hochwertige Betreuung, Bildung und Erziehung von Kindern.

Dabei sind wesentlich:

- die Wahrung einer einheitlichen Basis für Kinder und ihre Familien in allen Einrichtungen,
- die Dokumentation der individuellen Qualität der Kindertageseinrichtung, die sich aus Art und Zielsetzung der Kindertageseinrichtung, den Verfahrensweisen, den angebotenen Leistungen u. a. ergibt,
- die Sicherung und Verbesserung der Qualität der betriebsinternen Abläufe in der Kindertageseinrichtung unter Einbeziehung der Mitarbeiter/-innen,
- die Beachtung der für die Versorgung der Familien geltenden Gesetze, Verordnungen und Richtlinien,
- die Beachtung bundesweit entwickelter Qualitätsstandards für die pädagogischen Tätigkeiten.

Der Qualitätszirkel

Der Qualitätszirkel setzt sich aus je einer Mitarbeiterin bzw. einem Mitarbeiter der verschiedenen Kindertageseinrichtungen, der Fachberatung und der Fach- und Dienstaufsicht zusammen. Es ist darauf zu achten, dass Mitarbeiter/-innen aller Ebenen im Qualitätszirkel vertreten sind.
Der Qualitätszirkel wird durch eine/n Vorsitzende/n vertreten. Folgende Aufgabenbereiche werden zudem besetzt: ein/e Protokollant/-in; ein/e Verantwortliche/r für die Erstellung von Beiträgen zum Qualitätshandbuch (Qualitätsstandards und Empfehlungen); zwei Verantwortliche für die Auswertung der Teamrückmeldebögen zu

den Qualitätsarbeitspapieren und für die Betreuung der jeweiligen Wiedervorlagen; ein/e Elternbeauftragte/r; ein/e Teambeauftragte/r; ein/e Verantwortliche/r für die Fachtage; ein/e Verantwortliche/r für das Berichtswesen.

Nach vier Jahren scheiden aus dem Qualitätszirkel zwei der Mitglieder aus den vertretenen Kindertageseinrichtungen aus. Auf die frei gewordenen Plätze werden zwei Vertreter/-innen aus anderen Kindertageseinrichtungen berufen. Alle Einrichtungen werden schrittweise in den Qualitätsprozess eingebunden. Kindertageseinrichtungen mit mehr als drei Gruppen sind ständig im Qualitätszirkel vertreten.

Ein/e Mitarbeiter/-in des Qualitätszirkels bleibt so lange aktiv, bis die aktuelle Aufgabe der Projektgruppe abgeschlossen ist.

Der Qualitätszirkel wählt seine/n Vorsitzende/n mit einfacher Mehrheit.

Er gibt sich eine Geschäftsordnung, in der insbesondere die Beschlussfähigkeit, die Form der Beschlüsse, die Leitung und Vertretung des Qualitätszirkels und die Delegierung von Befugnissen an Gremien oder Einzelpersonen geregelt werden.

Beschlüsse werden durch einfache Mehrheit gültig. Die Abstimmungsergebnisse sind zu dokumentieren.

Die Mitglieder des Qualitätszirkels haben ihre Tätigkeit gewissenhaft und unparteiisch auszuüben. Sie haben, auch nach Beendigung ihrer Tätigkeit, über die ihnen bekannt gewordenen Angelegenheiten Verschwiegenheit zu wahren; dies gilt nicht für Mitteilungen im dienstlichen Verkehr oder über Tatsachen, die offenkundig sind oder ihrer Bedeutung nach keiner Geheimhaltung bedürfen. Die Arbeitszeit im Qualitätszirkel wird gemäß der aktuellen Arbeitszeitregelung angerechnet.

Projektgruppen (PROGs)

Die Projektgruppen (PROGs) setzen sich inhaltlich mit den Arbeitsaufträgen auseinander. Sie entwickeln und formulieren Vorschläge für Standards und Empfehlungen. Eine Projektgruppe (PROG) wird durch den Qualitätszirkel berufen und zur Durchführung des festgelegten Auftrags verpflichtet. Die PROG bildet sich aus mindestens einem, in der Regel aus zwei Mitgliedern des Qualitätszirkels.

Zur Erarbeitung der Inhalte steht der PROG die Möglichkeit zur Verfügung, weitere Mitarbeiter/-innen und/oder Elternvertreter/-innen in Form von Arbeitskreisen an den Entwicklungsprozess anzubinden. Die Mitarbeiter/-innen eines Arbeitskreises stammen aus unterschiedlichen Einrichtungen.

Für die Planung, Moderation und das Einbringen der Ergebnisse in den Qualitätszirkel ist das Mitglied des Qualitätszirkels verantwortlich.

Voraussetzungen zur Bereitstellung von Qualitätsstandards und Empfehlungen

Der Qualitätszirkel entwickelt fachbezogene Qualitätsstandards und Empfehlungen, wenn folgende Voraussetzungen erfüllt sind:

- Der Arbeitsinhalt einer Projektgruppe (PROG) muss von Mitarbeiter/-innen der beteiligten Kindertageseinrichtungen, von den Mitgliedern der Leiter/-innenkonferenz, den Elternvertreter/-innen, dem Gemeinderat und/oder der Verwaltung vorgeschlagen und an den Qualitätszirkel als Arbeitsauftrag herangetragen werden. Der Antrag auf Einrichtung einer Projektgruppe (PROG) ist schriftlich unter Beifügung einer inhaltlichen Beschreibung an den Qualitätszirkel zu richten.

- Die Mitglieder des Qualitätszirkels müssen in einer eigens dafür einberufenen Sitzung über die Annahme eines Auftrags beraten und entscheiden.

- In der entsprechenden Projektgruppe (PROG) muss eine Vorlage für das Qualitätshandbuch erarbeitet werden, die für die beteiligten Kindertageseinrichtungen Betriebs- und Handlungsabläufe beschreibt. Bei der Beschreibung der Prozesse sind Qualitätsstandards, Checklisten, Empfehlungen oder ähnliches festzulegen.

- Die Mitglieder des Qualitätszirkels stimmen über die Ausgabe der Qualitätsstandards und Empfehlungen ab. Die Abstimmungsergebnisse sind zu dokumentieren.

Der Qualitätszirkel kann sich selbst Themen setzen und/oder mit der Durchführung einer Veranstaltung für alle Mitarbeiter/-innen der beteiligten Kindertageseinrichtungen die Einrichtung neuer Projektgruppen (PROGs) initiieren.

Transfer in die Einrichtungen

Wenn die Voraussetzungen erfüllt sind, werden jeder beteiligten Kindertageseinrichtung Unterlagen zur Verfügung gestellt, mit deren Hilfe die Qualitätsentwicklung hausintern fortgeführt wird (Qualitätshandbuch).
Die Qualitätsstandards und Empfehlungen gelten in der Regel für die Dauer von drei bis vier Jahren. Die Bearbeitung in den Teams erfolgt nach einem gemeinsamen System.

Der Qualitätszirkel wird regelmäßig bzw. auf Antrag jeweils erneut über die geltenden Qualitätsstandards und Empfehlungen debattieren und sie ggf. für weitere Jahre aufrechterhalten, wenn

- der Inhalt des Handbuchs den zurzeit geltenden Anforderungen aus Praxis und Theorie entspricht und die prozesshafte Entwicklung in den einzelnen Häusern unterstützt und

- eine vom Qualitätszirkel für die Dauer von zwei bis drei Jahren beauftragte Arbeitsgruppe erneut die im Handbuch niedergelegten Regelungen einer entsprechenden Prüfung unterzogen und diese dokumentiert hat. Die Arbeitsgruppe setzt sich in der Regel aus den aktuell ausgeschiedenen Mitgliedern des Qualitätszirkels zusammen.

Veränderung und Rücknahme von Qualitätsstandards und Empfehlungen

Rücknahmen von Qualitätsstandards und Empfehlungen durch den Qualitätszirkel richten sich nach den fachlichen Entwicklungen der pädagogischen Arbeit in den beteiligten Kindertageseinrichtungen. Qualitätsstandards und Empfehlungen können insbesondere dann verändert und zurückgenommen werden, wenn festgestellt wird, dass

- die Mitarbeiter/-innen offenkundig die im Handbuch aufgeführten Prozesse aufgrund äußerer unveränderlicher Rahmenbedingungen nicht umsetzen können.

- die bundesweite, landesweite und/oder örtliche Entwicklung von Qualitätsstandards und Empfehlungen deutlich von den vor Ort entwickelten abweichen.
- die Verwaltung und/oder der Gemeinderat aus sachlich nachvollziehbaren Gründen die Rücknahme fordert.

Vor der jeweiligen Entscheidung ist die Leiter-/innenkonferenz zu hören.
Gegen Entscheidungen des Qualitätszirkels kann gegenüber der Vorsitzenden schriftlich, mit entsprechender Begründung, Widerspruch eingelegt werden. Über den Widerspruch entscheidet ein eigens dafür einberufenes Gremium, das sich aus Mitgliedern und Nicht-Mitgliedern des Qualitätszirkels zusammensetzt.

Verrechnung der Arbeitszeit im Qualitätszirkel

Nach Beschluss der Mitglieder des Qualitätszirkels und Bestätigung der Fach- und Dienstaufsicht wird die Arbeitszeit im Qualitätszirkel mit der Gesamtarbeitszeit des einzelnen Qualitätszirkelmitglieds zu 100 Prozent verrechnet.

Inhaltliche Strukturierung der Materialien im Qualitätshandbuch

Die inhaltliche Gliederung einzelner Qualitätsbereiche ist grundsätzlich in zwei Blöcke unterteilt:

- Der Qualitätszirkel formuliert verbindliche Kriterien qualitativ hochwertiger Arbeit in Form von Qualitätsstandards und Checklisten, auf deren Einhaltung zu achten ist.
- Der Qualitätszirkel formuliert zudem variable Kriterien, deren Charakter so gewählt wird, dass sie vornehmlich zur aktiven Reflexion des individuellen pädagogischen Alltags geeignet sind.

Die Unterscheidung der beiden Bereiche unterstreicht die Absicht, Qualität als Prozess bei der einzelnen Mitarbeiterin bzw. dem einzelnen Mitarbeiter, den einzelnen Teams und der Gesamtheit der beteiligten Kindertageseinrichtungen zu initiieren und lebendig zu erhalten.

Bearbeitung der Qualitätsinstrumente in den beteiligten Kindertageseinrichtungen

Jedes Team erhält eine Version der jeweiligen Standards, Empfehlungen und Checklisten, die im Qualitätshandbuch abgeheftet wird. Eine Kopie dient jeder Fachkraft zu einer individuellen Einschätzung ihrer augenblicklichen Situation und ihrer tatsächlichen pädagogischen Arbeit.
Alle Fachkräfte tauschen sich im Team über die Einschätzungen sowohl in den jeweiligen Gruppen als auch in der gesamten Einrichtung aus. Anhand der „Selbsteinschätzungen" der Mitarbeiter/-innen erstellt jedes Team ein Qualitätsprofil für die gesamte Einrichtung.
Zu jedem Qualitätsbereich gibt es einen Rückmeldebogen, den jedes Team gemeinsam bearbeitet. Eine Zusammenfassung gibt einen Überblick darüber, in welchem Umfang sie das Qualitätskriterium umsetzen.

Das Team hat die Möglichkeit, Anmerkungen zu jedem Teilaspekt der jeweiligen Standards, Empfehlungen und Checklisten zu machen. Sollte ein Aspekt nicht erfüllt sein, erstellt das Team einen Plan, der zur Erfüllung des Bereichs beiträgt. Der Plan enthält konkrete Zielvereinbarungen im Team (ggf. mit Zwischenzielen), Maßnahmen und Umsetzungsschritte zur Erreichung des Ziels, Benennung von Haupt- und Mitverantwortlichen für den Prozess, einen Zeitrahmen sowie Termin zur Überprüfung der Zielerreichung.

Der Rückmeldebogen wird ausgefüllt und unterschrieben bis zu einem vorgegebenen Zeitpunkt an den Qualitätszirkel zurückgeschickt. Eine Einrichtung kann durch einen begründeten Antrag die Abgabefrist bis zu einem neu vereinbarten Zeitpunkt verlängern. Falls die Zeitvorgabe nicht eingehalten werden kann, unterstützt die Fachberatung den Teamprozess vor Ort. Falls das Ziel auch mit Unterstützung nicht erreicht werden kann, entscheidet die Fach- und Dienstaufsicht über das weitere Vorgehen.

Eine Variante bei der Bearbeitung von Qualitätsmaterial

6.2 Die Entstehung eines Qualitätsgremiums

Wem die Idee eines eigenen Qualitätsgremiums gefällt, hat die Möglichkeit, entsprechende Prozesse in Gang zu setzen. Es ist allerdings sehr zeit- und energieaufwändig, bis alle Komponenten reibungslos funktionieren. Der Zeitaufwand beträgt mehrere Jahre!

Die ersten Schritte

Die Initiatoren des Qualitätszirkels bereiten einen Seminartag vor, an dem alle beteiligten Fachleute teilnehmen.
Zu Beginn des eigentlichen Qualitätsprozesses erarbeiten alle Mitarbeiter/-innen auf diesem gemeinsamen Seminartag Arbeitsaufträge für den Qualitätszirkel.

Die Ziele einer Tagung mit allen Mitarbeiterinnen und Mitarbeitern

- Entscheidung, wo Qualität vorhanden ist
- Entscheidung, wo Verbesserungen notwendig sind
- Formulierung konkreter Aufgaben für einen Qualitätszirkel
- Einführung eines Qualitätszirkels

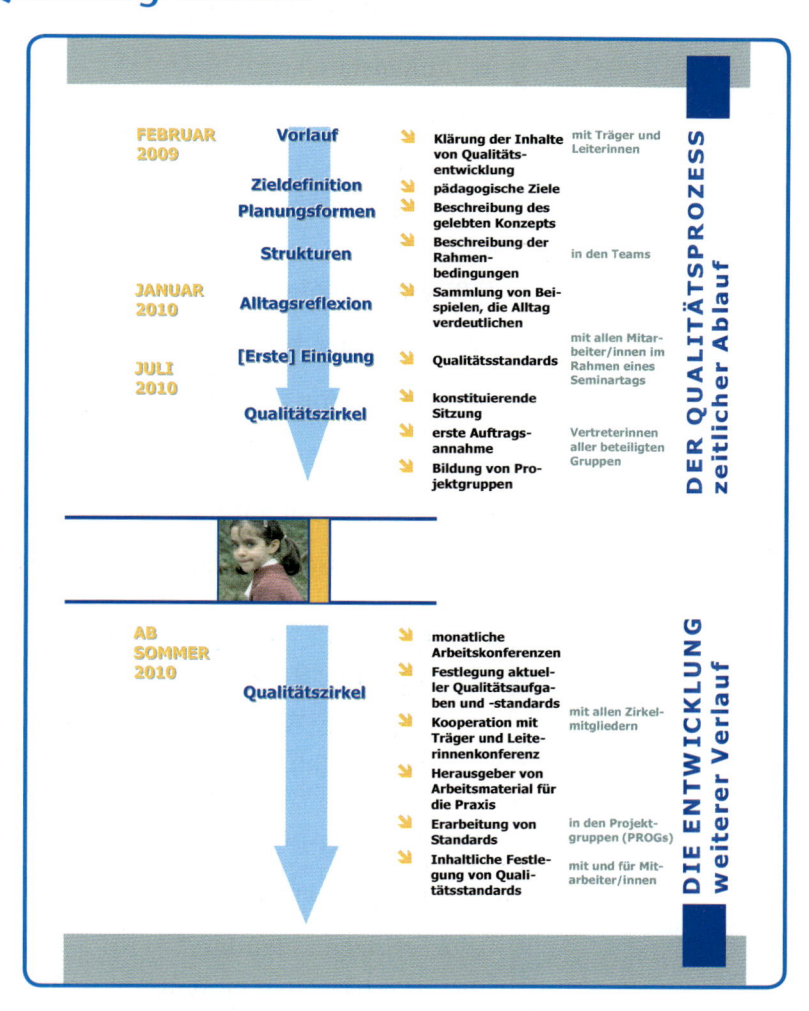

Der Gesamtprozess bei der Einführung eines Qualitätszirkels

Es werden Themen aus dem Bildungsplan, den vorhandenen Leitbildern oder den Konzeptionen zur Diskussion gestellt, z. B.

- Teamarbeit
- (Erziehungs-)Stile
- Zeit
- Regeln
- Individualförderung
- Gruppenförderung
- Planung
- Fachstärken
- Kooperation Team-Träger
- Kooperation mit Institutionen
- Raumstandards
- Außenstandards
- Ökonomie

Alle Ergebnisse werden in Aufgaben für die Bearbeitung im Qualitätszirkel zusammengefasst

Eine Beispielabstimmung

Sprachservice für ausländische Eltern

- Übersetzung des gelben Heftes
- Dolmetscherpool
- Erzieher/-innen mit besonderen Kenntnissen
- Stellenausschreibung
- Verwaltung
    - Nutzen: 9 Punkte
    - Lösbarkeit: 9 Punkte
    - Zeit: 2 Jahre

Anforderungsprofil der Erzieherin

- Checkliste erstellen, welche Anforderungen eine Erzieherin erfüllen sollte
    - Nutzen: 8 Punkte
    - Lösbarkeit: 8 Punkte
    - Zeit: ohne Vorgabe

Grundschulförderklasse

- mehr Kooperation mit der Förderklasse
- Kontaktaufnahme mit Förderklassenlehrer/-in
- Zusammenarbeit anregen
    - Nutzen: 5 Punkte
    - Lösbarkeit: 8 Punkte
    - Zeit: ohne Vorgabe

Auffälligkeiten der Kinder nehmen zu

- mehr fachliche Unterstützung
    - Nutzen: 9 Punkte
    - Lösbarkeit: 8 Punkte
    - Zeit: ohne Vorgabe

Die Themen werden gepunktet und nach ihrer Bedeutung in eine Reihenfolge gebracht. Zusätzlich wird entschieden, wann die Qualitätsstandards für die Praxis zur Verfügung stehen sollen.

Der Qualitätszirkel knüpft an...

... und ist nun der „Auftraggeber" für einzelne Projektgruppen (PROGs). Die Inhalte der PROGs ergeben sich zunächst aus den Aufträgen des Seminartags. In Zukunft wird der Qualitätszirkel weitere Aufträge selbst entwickeln oder über von außen herangetragene Anliegen entscheiden. Das Gremium erkennt den Entwicklungsbedarf und wichtige Qualitätsbereiche, indem es einmal im Jahr eine Stärken-Schwächen-Analyse durchführt. Auf Basis der bekannten Analyse von Lösbarkeit und Nutzen einer Aufgabe wird ein Arbeitsplan aufgeteilt: Verteilung von Start, Präsentation und Umsetzung für einzelne PROGs über das Jahr. Die PROG-Teams werden zusammengestellt und bekommen einen klaren Auftrag.

Die Organisation der Arbeit im Qualitätszirkel

Das Gremium kommt etwa einmal monatlich zusammen.
Es werden Aufgaben für neue Teams gefunden sowie Präsentationen der vorhandenen PROGs entgegengenommen.
Der Qualitätszirkel beschließt die Umsetzung der Qualitätsinstrumente und berichtet einmal im Jahr über den Erfolg der Prozesse.
Parallel wird das Qualitätshandbuch erarbeitet, das kontinuierlich ergänzt wird und allen Mitarbeiterinnen und Mitarbeitern zugänglich ist. Regelmäßige Informationsschriften geben Auskunft über neue Ergebnisse.

Am Ball bleiben

Ein beispielhaftes Protokoll einer Sitzung des Qualitätszirkels vermittelt einen Eindruck, wie es möglich ist, am Ball zu bleiben:

> *Aktuelles aus den PROGs*
>
> *Die Hauptverantwortlichen berichten, dass sie die Teilnahme an mehreren Arbeitsgruppen und am Zirkel an ihre Belastungsgrenze gebracht hat. Vor allem die häufigen Termine zwischen den Hauptsitzungen sind äußerst zeitraubend. Die Teilnahme an den Zirkelsitzungen allein wäre dagegen leistbar.*
>
> *Der Fachtag muss genutzt werden, um neue Kolleginnen und Kollegen für die Mitarbeit im Zirkel zu gewinnen.*
>
> *Die Arbeit im Zirkel sollte auf Effizienz und Arbeitsformen hin weiterentwickelt werden.*
>
> *PROG Sprachförderung stellt die Frage, was mit dem erarbeiteten Papier passieren wird. Es wurde mittlerweile so umgeschrieben, dass es einerseits konsensfähig ist, andererseits aber selbst minimale Standards nicht mehr klar zu erkennen sind.*
>
> *Es ergeht der Auftrag an alle Qualitätszirkelmitglieder, das aktuelle Papier gegenzulesen und konkret Stellung zu nehmen.*
>
> *Die Träger fordern ein Gesamtsprachförderkonzept. In den beteiligten Einrichtungen wird allerdings nicht alles umgesetzt.*

Der Qualitätszirkel muss zukünftig in der Lage sein, fachlich erarbeitete Qualitätsmerkmale und -standards in die Praxis der einzelnen Häuser zu transportieren und damit einzufordern.

Das Qualitätshandbuch

Der Entwurf des Handbuchs wird vorgestellt.

Es wird bemerkt, dass der Arbeitsanteil eines Mitglieds nicht wie abgesprochen erfüllt wurde. Diese Tatsache bringt mit sich, dass das Handbuch wohl nicht adäquat bzw. noch nicht mit einem Beispielexemplar vorgestellt werden kann.

Der vorläufige Aufbau wird vorgestellt und sieht folgendermaßen aus:
1. Teil: Rahmenkonzeption/ 2. Teil: Qualitätsmerkmale/ 3. Teil: Hauskonzeption
Die Ergebnisse der Workshops, die während des letzten Fachtags gesammelt wurden, werden so zusammengestellt, dass sie in das Handbuch eingebaut werden können.

Sonstiges

Die Zirkelmitglieder klären organisatorische Einzelheiten.

Das Arbeitsmaterial für den Fachtag wird vorgestellt und teilweise korrigiert. Die Inhalte des Schlussworts werden vor Ort gesammelt. Besonders wichtig ist es, auf die Reflexionsbögen hinzuweisen. Der Zirkel braucht konkrete Rückmeldung über die Wirkung des Tages.

Um personelle Bewegung in den Zirkel zu bringen, wird es wichtig sein zu betonen, dass neue Zirkelmitglieder willkommen sind.

Ausblick

Die Termine der nächsten Qualitätszirkelsitzungen:
- Donnerstag, 07. Oktober, 14:00 - 17:00 Uhr
- Dienstag, 16. November, 14:00 - 17:00 Uhr
- Mittwoch, 08. Dezember, 15:00 - 18:00 Uhr

Die Themen der nächsten Sitzung:
- Reflexion des Fachtags, inkl. Sammlung der Ergebnisse
- Fortschreibung der Zirkelaufgaben und inhaltliche bzw. organisatorische Planung

Die Qualitätsentwicklung auf breiter Basis ist spannend und aufreibend zugleich

Die Themen, die öffentlich und fachlich diskutiert werden, beeinflussen die Mitglieder eines übergreifenden Qualitätsgremiums und lassen oft keine „Verschnaufpausen". Die Themen müssen abgearbeitet werden, während andere, ebenfalls wichtige Inhalte, hinten angestellt werden. Um effektiv handeln zu können ist es denkbar, dem Qualitätszirkel einen kleinen Etat zur Verfügung zu stellen.

Es ist grundsätzlich eine Frage der Haltung, ob die Arbeit als erfolgreich erlebt wird. Die Geschicke der beteiligten Einrichtungen mitbestimmen zu können, kann für einige bereits Antrieb genug sein. Es ist zu prüfen, ob die Mitarbeit im Qualitätsgremium positiv in der Personalakte vermerkt wird, in Arbeitszeugnisse einfließt und eventuell sogar Auswirkungen auf „Prämien" hat.

Merke:
Die Mitarbeit in einem einrichtungsübergreifenden Qualitätsgremium ist dann gut möglich, wenn das gesamte Kindertagesstättenteam seiner Vertreterin oder seinem Vertreter Rückhalt bietet.

7 Anhang

7.1 **Material zur Selbst- und Teamreflexion**

7.1.1 **Hinweis zum Umgang mit dem Material**

7.1.2 **Das Material im Einzelnen**

7.2 **Kopiervorlage für den Teamordner**

7.3 **Literaturverzeichnis**

7.1 Material zur Selbst- und Teamreflexion

Das folgende Material ist das Ergebnis eines Qualitätsprozesses, den vier Teams eines Trägers gemeinsam gegangen sind. Insgesamt waren zwei Fachtage, je zwei Teamseminare, vier Sitzungen in einrichtungsübergreifenden Arbeitsgruppen und vier bis acht Teamsitzungen notwendig, um das Material zu entwickeln.

Die Vereinbarung zur Bildungspraxis

Mit der Vereinbarung ist die erste wichtige Phase der Entwicklung eigener Bildungsstandards für die Kindertageseinrichtungen abgeschlossen.

Die festgeschriebenen Bildungsstandards fassen zusammen, was bereits praktiziert wird und was denjenigen, die aktiv am Erarbeitungsprozess beteiligt sind, als wichtige Richtlinien bedeutsam erscheint. Die Sammlung wird nicht alle Eventualitäten regeln können. Einzelne Inhalte werden immer wieder neu besprochen und angemessen umgesetzt.

Ein Fachtag führt zu konkreten Bildungsstandards, an denen sich alle Kolleginnen und Kollegen der beteiligten Kindertageseinrichtungen orientieren können.

Mit der Unterzeichnung einer Vereinbarung verpflichten sich alle, sich mit den Kolleginnen und Kollegen, den Eltern, dem Träger und den Kindern auf den Weg zu machen, um die gemeinsam gefundenen Standards im Alltag umzusetzen.

Der Erziehungs- und Bildungsgedanke

Das vorliegende Qualitätsmaterial ist eine Orientierungshilfe und gibt gleichzeitig einen guten und vielfältigen Einblick in die Arbeit der beteiligten Kindertagesstätten. Es zeigt, wie sehr das einzelne Kind und die Gemeinschaft der Kinder im Mittelpunkt des Handelns stehen. Im sozialen Miteinander von Kindern und Erzieher/-innen wird dem Kind geholfen, seine Persönlichkeit zu entwickeln. Dabei steht das individuelle Lernen und Entfalten seiner Begabungen im Vordergrund. Die Qualitätsansprüche sind ein Markenzeichen der Erziehungs- und Bildungsarbeit. Sie reichen von der Unterstützung der körperlichen Entwicklung bis zur Bildung des Wertbewusstseins und der Kreativität der Menschen, die die Fachleute begleiten. Den Kindern mit Wertschätzung und Respekt vor ihrer Persönlichkeit in unseren Kindertagesstätten zu begegnen ist der oberste Grundsatz.

- Das Qualitätsmaterial zeigt Methoden und Ziele der Arbeit mit den Kindern: Es gibt Interessierten einen schnellen Überblick über die fachlichen Ansprüche.

- Neuen Mitarbeiterinnen und Mitarbeitern erleichtert es die Entscheidung, dass die beteiligten Einrichtungen für sie die richtigen sind.

- Es hilft bei der Antwort auf die Frage: Kann ich die Ziele und Methoden mittragen?

- Jedem Team dient es als Hilfe bei der täglichen Arbeit und als Diskussionsgrundlage für Neuerungen und Änderungen.

- Es macht die pädagogische Arbeit transparent.

Pädagogische Qualität entwickelt sich ständig weiter. Die Qualitätsinhalte werden kontinuierlich überdacht und regelmäßig verändert, falls dies notwendig erscheint. So können neue Erkenntnisse der Wissenschaft, neue Erziehungsmethoden und die Bedürfnisse der Kinder bei der täglichen Kindergartenarbeit berücksichtigt werden.

7.1.1 Hinweise zum Umgang mit dem Material

Der Teamordner **Bildungsqualität** der Kindertageseinrichtungen liefert Standards, Empfehlungen und Checklisten zu den Themen des „Bildungsplans". Jeder Beitrag des Teamordners wird gruppen- oder teamübergreifend entwickelt und formuliert Kriterien bester Fachpraxis zu einem Erziehungs- und Bildungsbereich.

Jedes **Team erhält eine Version** der jeweiligen Standards, Empfehlungen und Checklisten, die im Teamordner abgeheftet ist. Das Team nutzt das gemeinsam erarbeitete Material zur regelmäßigen Reflexion und Weiterentwicklung des pädagogischen Alltags.

Die Anwendung der Standard- und Empfehlungslisten und der Checklisten wurde bereits in Kapitel 1 erklärt. Hier noch einmal in Kürze:

Ich reflektiere mich:
Jede Fachkraft schätzt die **individuelle Situation** ein.

Wir reflektieren uns:
Im Anschluss tauscht sich ein Team über die Einschätzungen aus, was zu einem **Qualitätsprofil für die gesamte Einrichtung** führt.

Entscheidungen:
Zu jedem Qualitätsbereich gibt es einen Abschnitt **Entwicklungen in der Kindertageseinrichtung**, den jedes Team gemeinsam erarbeitet. **Das Team entscheidet über konkrete Schritte**, die notwendig und möglich sind, um die Bildungsqualität in seinem Haus zu optimieren.

Entwicklungen:
Es werden **praktische Schritte** zur Weiterentwicklung des Bildungsbereichs **erprobt und reflektiert**.

Verständigung:
Alle pädagogischen Inhalte, auf die sich das Team einigt, werden in der Rubrik **konzeptionelle Schritte** als Text für die Eltern formuliert und abgeheftet. Bei der Überarbeitung der aktuellen Konzeptionspapiere kann auf diese Quellen aufgebaut werden.

Ein wichtiger Tipp:
Alle Qualitätsinhalte stehen selbst auf dem Prüfstand. Wurden einmal Standards, Empfehlungen oder Leitfragen ausgewählt und formuliert, sind sie sehr hilfreich. Es ist aber wichtig, sie immer wieder auf ihre Gültigkeit hin zu überprüfen und ggf. zu ergänzen oder zu ersetzen. Drei Leitgedanken sind dabei hilfreich:

- Diese „formalen" Besonderheiten zeigten sich bei der Erarbeitung der Standards.
- Das Team ist sich bei diesen Standards besonders einig.
- Bezüglich der Umsetzung der Bildungsinhalte in der Praxis sind noch Fragen offen.

Durch diese Vorgehensweise ergibt sich nach und nach ein Überblick über die zentralen Qualitätsaspekte aller pädagogischen Bereiche. Empfehlenswert ist, pro Jahr zwei bis drei Bildungsbereiche zu reflektieren, was etwa drei bis vier Teamsitzungen entspricht.

7.1.2 Das Material im Einzelnen

BEREICH: KÖRPERLICHE ENTWICKLUNG UNTERSTÜTZEN

Standards

	trifft zu			trifft nicht zu
SICH ANGENOMMEN FÜHLEN				
Der Bewegungsdrang der Kinder wird im Alltag aufgegriffen.	☐	☐	☐	☐
Den Kindern werden Räume zur Ruhe geboten.	☐	☐	☐	☐
Die Kinder haben die Möglichkeit, ihre Grob- und Feinmotorik zu entwickeln.	☐	☐	☐	☐
ENTDECKUNGEN MACHEN				
Raum für Bewegungsmöglichkeiten wird geschaffen.	☐	☐	☐	☐
Den Kindern wird Grundwissen über den eigenen Körper vermittelt.	☐	☐	☐	☐
SICH AUSDRÜCKEN				
Den Kindern wird die Möglichkeit zur Entwicklung ihres Körpergefühls geboten.	☐	☐	☐	☐
GEMEINSCHAFT				
Kinder haben die Gelegenheit, Körperkontakte zu knüpfen.	☐	☐	☐	☐
Kinder werden auf Regeln und Regelverstöße aufmerksam gemacht.	☐	☐	☐	☐

Checkliste

Jedes Kind erhält Bewegungsanreize durch…

- ☐ gezieltes Turnen
- ☐ Tanzen
- ☐ Bewegungslandschaften
- ☐ Traumreisen
- ☐ Entspannungsgeschichten
- ☐ freies Turnen (Freispielzeit)
- ☐ Rhythmik
- ☐ Meditation
- ☐ Körper- und Partnermassage
- ☐ Ruhespiele

Das räumliche Angebot umfasst…

- ☐ Grobmotorik:
  - ○ Turngeräte
  - ○ Bewegungsbausteine
  - ○ Bewegungsbaustellen
- ☐ Feinmotorik:
  - ○ Matschen und mit Wasser spielen
  - ○ Kneten
  - ○ verschiedene Mal- und Bastelmaterialien
  - ○ Werken mit Holz
  - ○ Bauen mit Konstruktionsmaterial
- ☐ ○ Snoozelenraum

Das Angebot draußen umfasst…

- ☐ Garten: Schaukel, Rutsche, unterschiedliche Fahrzeuge, Kletterhaus, Wasserspielplatz, Wippe
- ☐ Waldtage
- ☐ Gartentage

Das Materialangebot umfasst…

- ☐ Rollenspiele (Puppenecke mit Verkleidungsmöglichkeiten)
- ☐ Wandspiegel
- ☐ Bücher
- ☐ Torso, Skelett
- ☐ Körperpuzzle

Das Lernangebot umfasst…

- ☐ Fingerspiele
- ☐ Kreisspiele
- ☐ Körperhygiene (Zähneputzen, Händewaschen)
- ☐ Sauberkeitserziehung
- ☐ Pantomimische Spiele, Jeux Dramatique, Berufe, Tiere und Gefühle erraten
- ☐ Gefühlsuhr
- ☐ Streichel- bzw. Partnermassagen
- ☐ Tänze
- ☐ Bewegungsspiele
- ☐ Mit Kindern Regeln erarbeiten (Kinderrat)
- ☐ Sozialkompetenz stärken

Leitfragen zur Reflexion und Umsetzung in der Einrichtung

KÖRPER

- [ ] Wird der Bewegungsdrang der Kinder erkannt?
- [ ] Wird das Bedürfnis nach Zeit zur Ruhe erkannt?
- [ ] Erhalten die Kinder die Möglichkeit, Körpererfahrungen zu sammeln?
- [ ] Wird den Kindern Grundwissen über den eigenen Körper vermittelt?
- [ ] Erhalten die Kinder die Möglichkeit, ein Körpergefühl zu entwickeln?
- [ ] Bekommen die Kinder die Chance, mit anderen Kindern körperlichen Kontakt aufzunehmen?
- [ ] Werden den Kindern die Regeln im täglichen Umgang miteinander vermittelt?

BEREICH: UNSTERSTÜTZUNG DER SINNE UND WAHRNEHMUNG

Standards

SICH ANGENOMMEN FÜHLEN	trifft zu			trifft nicht zu
Durch Beobachtung erkennen Erzieherinnen und Erzieher, dass die grundsätzlichen Fähigkeiten wie Sehen, Hören, Riechen, Schmecken und Fühlen altersgemäß entwickelt sind.	☐	☐	☐	☐
Bei Auffälligkeiten, wie z. B. im Hören oder Sehen, wird zur fachlichen Abklärung das Gespräch mit den Eltern gesucht und empfohlen, weitere Fachleute einzubeziehen.	☐	☐	☐	☐
Durch eine entsprechende Umgebung bekommt das Kind die Möglichkeit, seine einzelnen Sinne gezielt zu schulen (siehe auch „Körper"/Bewegungserziehung).	☐	☐	☐	☐
Durch bestimmte Signale hat das Kind die Möglichkeit, gezielt Einfluss auf den Geräuschpegel zu nehmen.	☐	☐	☐	☐
Das Kind wird gelobt, wenn es etwas konzentriert und aufmerksam mit allen Sinnen erforscht.	☐	☐	☐	☐

ENTDECKUNGEN MACHEN	trifft zu			trifft nicht zu
Wann immer das Wetter es zulässt haben die Kinder die Möglichkeit, ihren Bewegungsdrang auszuleben.	☐	☐	☐	☐
Es findet wöchentlich Turnen bzw. Bewegungserziehung statt.	☐	☐	☐	☐
Mindestens einmal im Jahr erfahren die Kinder sinnlich Naturphänomene im Wald (Wind, Regen).	☐	☐	☐	☐
Durch Singen, Körperinstrumente, Rhythmik und das Umsetzen von Klanggeschichten erhalten die Kinder die Möglichkeit, Musik mit möglichst vielen Sinnen zu erleben.	☐	☐	☐	☐
Neben dem täglichen Malen schafft die Einrichtung durch die Bereitstellung unterschiedlichster Materialien Anlässe, sich künstlerisch auszudrücken.	☐	☐	☐	☐
Es wird darauf geachtet, dass sich alle Kinder mit den frei zugänglichen Sinnesmaterialien beschäftigen.	☐	☐	☐	☐

SICH AUSDRÜCKEN

	trifft zu			trifft nicht zu
Das Kind lernt, sich durch selbstständiges Ausprobieren oder durch gezielte Gespräche auszudrücken.	☐	☐	☐	☐
Im gesamten Tagesablauf sind die Sinnesmaterialien, z. B. Naturmaterialien oder Alltagsgegenstände frei für das Kind zugänglich.	☐	☐	☐	☐
Damit die Kinder ungewohnte Sinneserfahrungen sammeln können, stehen auch außergewöhnliche Materialien, z. B. Verzerrspiegel, Lupen oder Kreisel zur Verfügung.	☐	☐	☐	☐
Durch das Hören von CDs oder Bild- und Kunstbetrachtungen besteht die Möglichkeit, eigene Sinneseindrücke zu sammeln.	☐	☐	☐	☐
Die Kinder haben die Gelegenheit, außerhalb der Einrichtung gemachte Medienerfahrungen kindgerecht zu verarbeiten.	☐	☐	☐	☐

GEMEINSCHAFT

	trifft zu			trifft nicht zu
Die Kinder erleben die Gruppe als hilfreich, wenn sie gemeinsam mit anderen etwas gestalten und ihre individuellen Fähigkeiten einbringen.	☐	☐	☐	☐
Da in den Kindertagesstätten behinderte Kinder aufgenommen werden, erleben alle Kinder auf natürliche Weise den Umgang mit Besonderheiten.	☐	☐	☐	☐
Die Kinder werden im Umgang mit unterschiedlichen Wahrnehmungen und Umgangsformen positiv gestärkt.	☐	☐	☐	☐
Das Kind wird durch fremdländische Musik, Dias, Filme, Bildbetrachtungen, Bilderbücher, Lieder und Urlaubsgeschichten immer wieder angeregt, sich mit anderen Kulturen und Lebensweisen auseinanderzusetzen.	☐	☐	☐	☐
Die Kinder erleben beim gemeinsamen Singen, Spielen und Gestalten, dass sie die Gemeinschaft aktiv mitgestalten.	☐	☐	☐	☐

BEREICH: KOGNITIVE ENTWICKLUNG UNTERSTÜTZEN

Standards

	trifft zu			trifft nicht zu
SICH ANGENOMMEN FÜHLEN				
Die Kinder haben die Möglichkeit, selbstständig konzentriert zu arbeiten, um positive Gefühle zu erleben.	☐	☐	☐	☐
ENTDECKUNGEN MACHEN				
Es sind verschiedene Konstruktionsmaterialien vorhanden.	☐	☐	☐	☐
Die Kinder haben die Möglichkeit, in der Natur zu experimentieren.	☐	☐	☐	☐
Es sind Experimentiermaterialien vorhanden.	☐	☐	☐	☐
Die Kinder lernen physikalische Gesetzmäßigkeiten (Schwerkraft, Statistik, Hebelgesetz) kennen.	☐	☐	☐	☐
Die Kinder haben die Möglichkeit, Erfahrungen mit Naturphänomenen zu sammeln - Pflanzenwachstum, Nahrungskette, Fortpflanzung, Wasserkreislauf, Jahreszeiten, die vier Elemente usw.	☐	☐	☐	☐
Die Kinder haben die Möglichkeit, Strategiespiele zu spielen.	☐	☐	☐	☐
Die Kinder haben die Möglichkeit, Knobel- und Kniffelspiele zu spielen.	☐	☐	☐	☐
Die Gestaltung der Räume lädt ein, die Welt zu entdecken und zu verstehen.	☐	☐	☐	☐
Die Kinder haben die Gelegenheit und das Material, um folgendes zu erfahren und zu üben:				
Zahlen simultan erfassen	☐	☐	☐	☐
Erkennen von Mengen	☐	☐	☐	☐
Zuordnen von Gegenständen zu ausgesprochenem Zahlenwort	☐	☐	☐	☐
Serialien herstellen	☐	☐	☐	☐
Klassifikationen herstellen	☐	☐	☐	☐
Grundfarben	☐	☐	☐	☐
Erfahrungen zur Farbenlehre sammeln	☐	☐	☐	☐
geometrische Figuren erkennen	☐	☐	☐	☐
SICH AUSDRÜCKEN				
Die Kinder haben die Möglichkeit, eigene Gedanken zu äußern, z. B. auf der Kinderkonferenz oder im Kinderrat.	☐	☐	☐	☐
Die Kinder werden angeregt, neue Begriffe zu verwenden.	☐	☐	☐	☐

GEMEINSCHAFT	trifft zu			trifft nicht zu
Mit den Kindern wird in Kleingruppen gearbeitet.	☐	☐	☐	☐
Mit den Kindern wird in Projekten gearbeitet.	☐	☐	☐	☐
Es wird gruppenübergreifend gearbeitet.	☐	☐	☐	☐
Es wird altersspezifisch gearbeitet.	☐	☐	☐	☐
Es wird altersgemischt gearbeitet.	☐	☐	☐	☐
Es findet eine Kooperation mit anderen Institutionen statt.	☐	☐	☐	☐
Jedes Kind hat das Recht auf freie Meinungsäußerung.	☐	☐	☐	☐

Leitfragen zur Reflexion und Umsetzung in der Einrichtung

KOGNITION

- ☐ Reflexion des eigenen Verhaltens als Erzieherin: Wo setze ich Grenzen bzw. wo lasse ich Freiheiten, um kreative Denkprozesse anregen zu können?
- ☐ Was ist für die kognitive Entwicklung eines Kindes wichtig, wenn es in die Schule kommt?
- ☐ Wie wird damit umgegangen, dass die Fähigkeit zur freien Meinungsäußerung und Mitbestimmung für Kinder meist sehr begrenzt ist?
- ☐ Wie wird praktisch berücksichtigt, dass das Denken in allen anderen Entwicklungsbereichen eine grundlegende Rolle spielt?

BEREICH: SOZIALE ERFAHRUNGEN UNTERSTÜTZEN

Standards

	trifft zu			trifft nicht zu
SICH ANGENOMMEN FÜHLEN				
Jedes Kind wird beim Eintreffen persönlich begrüßt.	☐	☐	☐	☐
Die Gefühle des Kindes werden wahrgenommen.	☐	☐	☐	☐
Die Gefühle des Kindes werden ernst genommen.	☐	☐	☐	☐
Eine vertraute Bezugsperson vermittelt den Kindern Sicherheit.	☐	☐	☐	☐
Durch gezielte Raumgestaltung wird eine Wohlfühlatmosphäre geschaffen.	☐	☐	☐	☐
Durch Lob und Anerkennung wird den Kindern zu mehr Selbstbewusstsein verholfen.	☐	☐	☐	☐
Durch die Übernahme von Aufgaben, die Kinder stärken, werden Erfolgserlebnisse ermöglicht.	☐	☐	☐	☐

	trifft zu			trifft nicht zu
ENTDECKUNGEN MACHEN				
Kinder lernen die gesamte Bandbreite menschlicher Gefühle kennen.	☐	☐	☐	☐
Die Kinder werden ermutigt, eigene Gefühle wahrzunehmen.	☐	☐	☐	☐
Kinder lernen, eigene Gefühle sozial verträglich zum Ausdruck zu bringen.	☐	☐	☐	☐
Kinder erleben den bewussten Umgang mit der Natur in der eigenen Umgebung und in der freien Natur.	☐	☐	☐	☐
Kinder erlernen den verantwortungsbewussten Umgang mit Tieren.	☐	☐	☐	☐
Die Kinder haben Möglichkeiten zu naturnahen Erlebnissen.	☐	☐	☐	☐
Kindern wird das Zusammentreffen mit Menschen aus verschiedenen Lebenssituationen, z. B. Alter, Krankheit und Behinderung, ermöglicht.	☐	☐	☐	☐
Kindern werden Einblicke in die Arbeitswelt ermöglicht.	☐	☐	☐	☐

	trifft zu			trifft nicht zu
SICH AUSDRÜCKEN				
Die Kinder dürfen immer aussprechen.	☐	☐	☐	☐
Dem Kind wird aktiv zugehört.	☐	☐	☐	☐
Dem Kind wird die Möglichkeit gegeben, Gefühle auszudrücken.	☐	☐	☐	☐
In hoch gefühlsbeladenen Situationen (Affekte) wird der Kontakt nicht abgebrochen.	☐	☐	☐	☐

GEMEINSCHAFT	trifft zu			trifft nicht zu
Die Kinder lernen, die Gefühle anderer wahrzunehmen.	☐	☐	☐	☐
Die Kinder lernen, die Gefühle anderer zu respektieren.	☐	☐	☐	☐
Die Kinder lernen, auf die Gefühle anderer angemessen zu reagieren.	☐	☐	☐	☐
Die Kinder lernen, sich in die Situation des anderen einzufühlen.	☐	☐	☐	☐
Konflikte der Kinder werden ernst genommen.	☐	☐	☐	☐
Die Kinder werden bei der Konfliktlösung unterstützt.	☐	☐	☐	☐
Mit den Kindern werden Regeln des Zusammenlebens erarbeitet.	☐	☐	☐	☐
Den Kindern wird die Übernahme von Patenschaften ermöglicht.	☐	☐	☐	☐
Zusammengehörigkeitsgefühle werden durch gemeinsame Erlebnisse gestärkt.	☐	☐	☐	☐

BEREICH: LEBENSDEUTUNGEN UND WERTE UNTERSTÜTZEN

Standards

SICH ANGENOMMEN FÜHLEN	trifft zu			trifft nicht zu
Wir bieten einen Rahmen, in dem jedes Kind Wünsche, Bedürfnisse und Anregungen äußern kann.	☐	☐	☐	☐
Wir finden Lösungen, die Kinder und Erzieher/-innen gleichermaßen zufrieden stellen.	☐	☐	☐	☐
Jedem Kind wird zugehört.	☐	☐	☐	☐
Konflikte werden ernst genommen und begleitet.	☐	☐	☐	☐
Durch Anerkennung und Lob führen wir die Kinder zu einem gesunden Selbstvertrauen.	☐	☐	☐	☐
Alle Kinder erfahren Wertschätzung und Anerkennung.	☐	☐	☐	☐
Die Kinder erfahren Gemeinschaft.	☐	☐	☐	☐
Jedes Kind wird persönlich begrüßt.	☐	☐	☐	☐
Kinder und Eltern werden mit Namen angesprochen.	☐	☐	☐	☐
Das Bewusstsein für gesunde Ernährung wird gefördert.	☐	☐	☐	☐

ENTDECKUNGEN MACHEN	trifft zu			trifft nicht zu
Die Kinder lernen, Müll zu vermeiden und zu trennen.	☐	☐	☐	☐
Die Kinder werden zu einem pfleglichen Umgang mit Material und Einrichtung angehalten.	☐	☐	☐	☐
Der Wert der Schöpfung wird vermittelt und geachtet.	☐	☐	☐	☐
Die Kinder lernen andere Kulturen kennen.	☐	☐	☐	☐
Wir erarbeiten die Weihnachtsgeschichte.	☐	☐	☐	☐
Wir erarbeiten die Ostergeschichte.	☐	☐	☐	☐

SICH AUSDRÜCKEN	trifft zu			trifft nicht zu
Wir bestärken die Kinder darin, ihre eigene Meinung zu finden und zu vertreten.	☐	☐	☐	☐
Regelüberschreitungen werden mit den Kindern thematisiert.	☐	☐	☐	☐

GEMEINSCHAFT	trifft zu			trifft nicht zu
Die gemeinsam erstellten Regeln ordnen den Kindergartenalltag.	☐	☐	☐	☐
Die Kinder haben die Möglichkeit, Freundschaften gruppenübergreifend zu pflegen.	☐	☐	☐	☐
Die Kinder lernen, selbst Verantwortung zu übernehmen.	☐	☐	☐	☐
Die Kinder haben die Möglichkeit, Entscheidungen im Alltag mit zu treffen.	☐	☐	☐	☐
Die Kinder haben die Möglichkeit, miteinander zu essen.	☐	☐	☐	☐
Rituale bieten den Kindern Orientierung und Sicherheit.	☐	☐	☐	☐
Es gibt keine geschlechtspezifischen Unterschiede.	☐	☐	☐	☐
Die Herkunft eines Kindes spielt keine Rolle.	☐	☐	☐	☐
Gefühle dürfen gezeigt werden.	☐	☐	☐	☐
Auf die Gefühle der Kinder wird reagiert.	☐	☐	☐	☐
Wir fördern das Verständnis der Kinder für die Handicaps der anderen Kinder.	☐	☐	☐	☐
Es gibt feste Regeln, die für alle gelten (Kinder, Eltern und Erzieher/-innen).	☐	☐	☐	☐

Checkliste

Auseinandersetzung mit Werten und Religion

- ☐ In der Einrichtung gibt es religiöse Literatur.
- ☐ Es finden Gesprächskreise statt.
- ☐ Wir singen religiöse Lieder.
- ☐ Wir danken Gott für die Essensgabe.
- ☐ Der Geburtstag jedes Kindes wird gefeiert.
- ☐ Es gibt pro Tag ein gemeinsames Treffen in der Stammgruppe.

BEREICH: KREATIVITÄT UNTERSTÜTZEN

Standards

SICH ANGENOMMEN FÜHLEN	trifft zu			trifft nicht zu
Den Kindern stehen täglich Malutensilien zur freien Verfügung (Pinsel, Farbrolle, Stempel, Spritztechnik, Schwämme).	☐	☐	☐	☐
Jedes Kind hat die Möglichkeit zur Ausstellung der eigenen Arbeit, z. B. in einer Vitrine.	☐	☐	☐	☐
Es gibt einen Führerschein für das Musikzimmer, den Werkraum usw.	☐	☐	☐	☐
Den Kindern wird Rückmeldung über ihr Schaffen gegeben.	☐	☐	☐	☐

ENTDECKUNGEN MACHEN	trifft zu			trifft nicht zu
Jedes Kind hat täglich Umgang mit unterschiedlichen Materialien (Naturmaterial, Wegwerfmaterial).	☐	☐	☐	☐
Kinder haben jeden Tag die Möglichkeit, sich frei zu bewegen.	☐	☐	☐	☐
Es gibt Experimente mit Sand, Wasser, Erde usw.	☐	☐	☐	☐
Es ist ein Experimentierzimmer (Mikroskopie, Landkarten) eingerichtet.	☐	☐	☐	☐
Künstlergemälde stehen zur freien Verfügung, können betrachtet und nachgestaltet werden.	☐	☐	☐	☐
Es findet freies Werken unter Aufsicht statt.	☐	☐	☐	☐
Unterschiedliche Werkmaterialien stehen zur Verfügung (Schrauben, Nägel, Holz, Plastik, Styropor).	☐	☐	☐	☐
Regelmäßig werden Wald- und Wiesentage angeboten.	☐	☐	☐	☐
Es gibt Lupen für den Garten, um Blumen genau anschauen zu können.	☐	☐	☐	☐

SICH AUSDRÜCKEN	trifft zu			trifft nicht zu
Jedes Kind kann täglich mit verschiedenen Farben umgehen.	☐	☐	☐	☐
Es gibt verschiedenes Modelliermaterial (Ton, Matsch, Gips, Tapetenkleister).	☐	☐	☐	☐
Jedes Kind kann täglich mit Baumaterial umgehen.	☐	☐	☐	☐
Jedes Kind kann täglich mit Knete umgehen.	☐	☐	☐	☐

GEMEINSCHAFT	trifft zu			trifft nicht zu
Kinder können sich täglich verkleiden.	☐	☐	☐	☐
Erzieherinnen und Erzieher ermöglichen freies und angeleitetes Musizieren und freie und angeleitete Bewegung zu Musik, z. B. gemeinsam ein Tanzlied erfinden.	☐	☐	☐	☐
Es stehen Handpuppen zum gemeinsamen Spiel zur Verfügung (Geschichte erfinden, Eintrittskarten selbst gestalten).	☐	☐	☐	☐
Kinder haben die Möglichkeit zum Rollenspiel.	☐	☐	☐	☐
Es werden Kreativprojekte umgesetzt.	☐	☐	☐	☐

Leitfragen zur Reflexion und Umsetzung in der Einrichtung

KREATIVITÄT

☐ Haben die Kinder die Möglichkeit, ihre Tätigkeit frei zu wählen und haben sie dafür die entsprechenden Räume und die Materialien zur Verfügung?

☐ Haben die Kinder zur Faschingszeit die Möglichkeit, sich selbst zu schminken? (Einverständnis der Eltern)

☐ Ist es möglich, kurz vor den Sommerferien eine spielzeugfreie Zeit durchzuführen?

☐ Haben wir die Unterstützung der Eltern? (Spenden von Materialien)

☐ Beteiligen wir die Eltern an der Bildungsarbeit?

Konzeptionelle Schritte

Die Bearbeitung der konzeptionellen Aspekte Rahmenbedingungen, Haltung, Material und Umsetzbarkeit ist in zwei Schritte unterteilt: Zum einen klärt das Team die jeweils aktuelle Situation, zum anderen werden Texte formuliert, die dem Träger, anderen Fachleuten und den Eltern zugänglich gemacht werden.

RAHMENBEDINGUNGEN

	Grunddefinition	*Entwicklungsbedarf*
Fachleute:	☐ Erstellen und Weiterentwickeln einer Konzeption	☐ neue Bildungsprogramme und Strategien engagiert umsetzen
	☐ Erstellen einer Jahresplanung	☐ Weiterentwicklung zu einer Form von Familienzentrum
	☐ Regelmäßige Fortbildungen zum Nutzen der Einrichtung	☐ dafür verstärkt externe Fachleute einbeziehen (z. B. in Erziehungsfragen zu Hause)
	☐ Kooperation mit der Grundschule	☐ Ehrenamt stärken und einbeziehen
	☐ Pflegen der Kontakte zu anderen Kooperationspartnern (z. B. Jugendzahnpflege, Sprachschule...)	☐ Verbesserung der Integrationsmöglichkeiten behinderter Kinder
	☐ regelmäßiger Austausch durch Leitungs- und Gesamterziehersitzungen	☐ engere Vernetzung mit den Fachschulen zur Stärkung der praktischen Ausbildung
	☐ einrichtungsübergreifende Projektarbeiten (z. B. Referent für alle Kitas, Theaterstück für alle)	
Eltern:	☐ Hospitation	☐ Beobachtungsprotokolle (Portfolio) werden angestrebt
	☐ Konzeption den Eltern nahebringen	☐ Eltern als Kooperationspartner stärken
	☐ Elternbeirat und Mitarbeit der Eltern	
	☐ Kita erlebbar machen (z. B. Väterfrühstück)	
	☐ Öffentlichkeitsarbeit	
Träger:	☐ Ausstattung (Etat für Räumlichkeiten und Personal)	☐ Ehrenamt stärken
	☐ positive Einstellung zu Weiterbildungen	☐ Öffentlichkeitsarbeit
	☐ Bedarfsermittlung und Umsetzung (Betreuungsangebote, Zeiten)	☐ Integrationsverbesserung für behinderte Kinder
		☐ Einstellung einer Fachberatung mit sozialpädagogischem Hintergrund

HALTUNG

	Grunddefinition	*Entwicklungsbedarf*
Fachleute:	☐ positive Grundhaltung	☐ Identifikation mit der Arbeit
	☐ positive Einstellung zu Weiterbildungen	☐ Vertrauen in Elternkompetenzen
	☐ Öffentlichkeitsarbeit	☐ neue Strategien engagiert einbringen und umsetzen
	☐ Entwicklungsprozesse mittragen	☐ Stärkung des Engagements der Berufsanfänger
Eltern:	☐ gegenseitige Toleranz in individuellen Situationen	☐ Entwicklungsprozesse mittragen
	☐ Toleranz der kulturellen Familienhintergründe	☐ Öffentlichkeitsarbeit
	☐ Vertrauen in die pädagogische Arbeit	☐ ehrenamtliche Tätigkeiten ausüben
	☐ Mithilfe anbieten	
Träger:	☐ Vertrauen in die pädagogische Arbeit	☐ Öffentlichkeitsarbeit
	☐ Entwicklungsprozesse mittragen	☐ Vertrauen in das eigenverantwortliche pädagogische Handeln

MATERIAL

	Grunddefinition	*Entwicklungsbedarf*
Fachleute:	☐ Auswahl vielfältigen pädagogischen Materials	☐ zusätzlich spezifizierte Weiterbildung zur „Fachfrau" bzw. zum „Fachmann"
	☐ Fachkompetenz, pädagogisches Handeln	☐ Alternativen erarbeiten
	☐ Kreativität, Innovation	
	☐ Natur	
Eltern:	☐ Familienkompetenzen bei der Materialbeschaffung einbringen	☐ Mitarbeit bei der Umsetzung der Alternativen
		☐ Mithilfe im Alltag
Träger:	☐ Bereitstellung der finanziellen Mittel zur Kostendeckung	

UMSETZBARKEIT

	Grunddefinition	*Entwicklungsbedarf*
Fachleute:	☐ Bereitschaft zur Schichtarbeit	☐ vertiefte Einarbeitung in spezielle Bildungsbereiche (Fachfrau)
	☐ Erstellung und Umsetzung der Konzeption	☐ Entlastung des Trägers durch mehr Mitverantwortung bei der Auswahl des Arbeitsmaterials
	☐ eigenverantwortliches pädagogisches Handeln	
Eltern:	☐ Konzeption den Eltern zugänglich	☐ Entlastung des Trägers durch Mitverantwortung (z. B. Ehrenamt)
	☐ können die Einrichtung bedarfsorientiert nutzen	☐ Einbringen handwerklicher Fähigkeiten
	☐ Entwicklungsförderung durch pädagogische Arbeit	
Träger:	☐ ausreichende Bereitstellung kompetenten Personals	☐ Fachberatung sicherstellen
	☐ Mittragen und Unterstützen der gesamten pädagogischen Arbeit	☐ Ehrenamt stärken
		☐ Bereitstellung des notwendigen Etats

7.2 Kopiervorlage für den „Teamordner"

Teamvereinbarungen und Qualitätsentwicklung

Die Qualitätsthemen, die ein Team entwickeln will, werden zusammengefasst und folgendermaßen festgehalten:

Qualitätsentwicklung im BEREICH:

Plan zur Weiterentwicklung des Bildungsbereichs			
Ziel	**Überblick der Maßnahmen**		
bis zu diesem Datum:	Zwischenziel + Schritte	Hauptverantwortliche	Mitverantwortliche
bis zu diesem Datum:	Zwischenziel + Schritte	Hauptverantwortliche	Mitverantwortliche
bis zu diesem Datum:	Zwischenziel + Schritte	Hauptverantwortliche	Mitverantwortliche
Bemerkungen			
Wiedervorlage im Team bis			

Entwicklungen in der Kindertageseinrichtung

Die hier genannten Kriterien wurden bei der Teamsitzung am _____ thematisiert. Folgende Schritte sind notwendig/eingeleitet, um die Qualitätskriterien für alle Mitarbeiter/-innen bewusst zu machen: ☐ weitere Teamsitzung ☐ Einzelgespräche ☐ Fortbildung ☐ Sonstige: _____	
Folgende Qualitätsprozesse werden im Team entwickelt:	
bis zu diesem Datum:	wird Folgendes weiterentwickelt:
bis zu diesem Datum:	wird Folgendes weiterentwickelt:
bis zu diesem Datum:	wird Folgendes weiterentwickelt:
bis zu diesem Datum:	wird Folgendes weiterentwickelt:
bis zu diesem Datum:	wird Folgendes weiterentwickelt:
Bemerkungen	

Literaturverzeichnis

Bayerisches Staatsministerium für Arbeit und Sozialordnung, Familie und Frauen/Staatsinstitut für Frühpädagogik (Hrsg.): Der Bayerische Bildungs- und Erziehungsplan für Kinder in Tageseinrichtungen bis zur Einschulung. Entwurf für die Erprobung, Weinheim, Basel, Berlin, Beltz Verlag, 2003, S. 40

Bertelsmann Stiftung (Hrsg.): Dreikäsehoch 2005. KiTa-Preis zum Thema: „Von der Kita in die Schule", Bertelsmann Stiftung, Gütersloh, 2006

Bertelsmann Stiftung, Staatsinstitut für Frühpädagogik (Hrsg.): Wach, neugierig, klug - Kinder unter 3. Ein Medienpaket für Kitas, Tagespflege und Spielgruppen, Bertelsmann Stiftung, Gütersloh, 2008

Beswick, Clare/Sally Faetherstone: Aktivitäten für den Entwicklungsbereich „Aktiv lernende Kinder", Troisdorf, Bildungsverlag EINS, 2007

Beswick, Clare/Sally Faetherstone: Aktivitäten für den Entwicklungsbereich „Kommunikationsfreudige Kinder", Troisdorf, Bildungsverlag EINS, 2007

Beswick, Clare/Sally Faetherstone: Aktivitäten für den Entwicklungsbereich „Starke Kinder", Troisdorf, Bildungsverlag EINS, 2007

Beswick, Clare/Sally Faetherstone: Aktivitäten für den Entwicklungsbereich „Gesunde Kinder", Troisdorf, Bildungsverlag EINS, 2007

Bundesjugendkuratorium (Hrsg.): Zukunftsfähigkeit von Kindertageseinrichtungen. Stellungnahme des Bundesjugendkuratoriums, München, Deutsches Jugendinstitut e.V., 2008, S. 4, 14

Bundesministerium für Familie, Senioren, Frauen und Jugend (Hrsg.): Nationaler Aktionsplan „Für ein kindergerechtes Deutschland 2005-2010", Berlin, 2006

Freie Hansestadt Bremen, Der Senator für Arbeit, Frauen, Gesundheit, Jugend und Soziales (Hrsg.): Rahmenplan für Bildung und Erziehung im Elementarbereich, Bremen, 2004, S. 37

Freie und Hansestadt Hamburg, Behörde für Soziales, Familie, Gesundheit und Verbraucherschutz – Abteilung Kindertagesbetreuung (Hrsg.): Hamburger Bildungsempfehlungen für die Bildung und Erziehung von Kindern in Tageseinrichtungen, Hamburg, 2005, S. 20

Hessisches Sozialministerium/Hessisches Kultusministerium (Hrsg.): Bildung von Anfang an. Bildungs- und Erziehungsplan für Kinder von 0 bis 10 Jahren in Hessen, Wiesbaden, 2005, S. 121

Isbell, Rebecca und Isbell, Chrisy: Lernräume entwicklungsgerecht gestalten. Für Kinder von 0 bis 3 Jahren, Troisdorf, Bildungsverlag EINS, 2008

Ministerium für Bildung, Wissenschaft, Forschung und Kultur des Landes Schleswig-Holstein (Hrsg.): Erfolgreich starten. Leitlinien zum Bildungsauftrag von Kindertageseinrichtungen, Kiel, 2004, S. 18

Ministerium für Kultus, Jugend und Sport, Baden-Württemberg (Hrsg.): Orientierungsplan für Bildung und Erziehung in baden-württembergischen Kindergärten. Pilotphase, Weinheim, Basel, Berlin, Beltz Verlag, 2005, S. 24; 44

Saarland, Ministerium für Bildung, Kultur und Wissenschaft (Hrsg.): Bildungsprogramm für Saarländische Kindergärten, Weimar und Berlin, verlag das netz, 2006, S. 14

Saarland, Ministerium für Bildung, Kultur und Wissenschaft (Hrsg.): Handreichungen für die Praxis zum Bildungsprogramm für saarländische Kindergärten, Weimar und Berlin, verlag das netz, 2007, S. 80

Sächsisches Staatsministerium für Soziales (Hrsg.): Der Sächsische Bildungsplan – ein Leitfaden für pädagogische Fachkräfte in Krippen, Kindergärten und Horten sowie für Kindertagespflege, Weimar und Berlin, verlag das netz, 2007, S. 11

Schäfer, Gerd E.: Bildung beginnt mit der Geburt. Förderung von Bildungsprozessen in den ersten sechs Lebensjahren. Weinheim, Basel, Berlin, Beltz Verlag, 2003

Thüringer Ministerium für Soziales, Familie und Gesundheit, Referat M 2: Leitlinien frühkindlicher Bildung, Erfurt, 2003, S. 11

Tietze, W./Viernickel, S. (Hrsg.): Pädagogische Qualität in Tageseinrichtungen für Kinder. Ein nationaler Kriterienkatalog. 3. aktualisierte und erweiterte Auflage, Berlin, Cornelsen Verlag Scriptor, 2007

UNESCO, Organisation der Vereinten Nationen für Bildung, Wissenschaft, Kultur und Kommunikation: Die UN-Dekade Bildung für nachhaltige Entwicklung 2005–2014, http://www.bne-portal.de/coremedia/generator/unesco/de/02__UN-Dekade_20BNE/01__Was_20ist_20BNE/Einf_C3_BChrung__neu.html (25.03.2010)